W0307608

Andreas Walde

Von der Organisationsentwicklung zum Change Management

igel Verlag
RWS

Walde, Andreas: Von der Organisationsentwicklung zum Change Management, Hamburg, Igel Verlag RWS 2014

Buch-ISBN: 978-3-95485-113-3
PDF-eBook-ISBN: 978-3-95485-613-8
Druck/Herstellung: Igel Verlag RWS, Hamburg, 2014

Bibliografische Information der Deutschen Nationalbibliothek:
Die Deutsche Nationalbibliothek verzeichnet diese Publikation in der Deutschen Nationalbibliografie; detaillierte bibliografische Daten sind im Internet über http://dnb.d-nb.de abrufbar.

Das Werk einschließlich aller seiner Teile ist urheberrechtlich geschützt. Jede Verwertung außerhalb der Grenzen des Urheberrechtsgesetzes ist ohne Zustimmung des Verlages unzulässig und strafbar. Dies gilt insbesondere für Vervielfältigungen, Übersetzungen, Mikroverfilmungen und die Einspeicherung und Bearbeitung in elektronischen Systemen.

Die Wiedergabe von Gebrauchsnamen, Handelsnamen, Warenbezeichnungen usw. in diesem Werk berechtigt auch ohne besondere Kennzeichnung nicht zu der Annahme, dass solche Namen im Sinne der Warenzeichen- und Markenschutz-Gesetzgebung als frei zu betrachten wären und daher von jedermann benutzt werden dürften.

Die Informationen in diesem Werk wurden mit Sorgfalt erarbeitet. Dennoch können Fehler nicht vollständig ausgeschlossen werden und die Diplomica Verlag GmbH, die Autoren oder Übersetzer übernehmen keine juristische Verantwortung oder irgendeine Haftung für evtl. verbliebene fehlerhafte Angaben und deren Folgen.

Alle Rechte vorbehalten

© Igel Verlag RWS, Imprint der Diplomica Verlag GmbH
Hermannstal 119k, 22119 Hamburg
http://www.diplomica.de, Hamburg 2014
Printed in Germany

Inhaltsverzeichnis

Abbildungsverzeichnis

Abkürzungsverzeichnis

Abb.	Abbildung
Anm.	Anmerkung
BRD	Bundesrepublik Deutschland
Bsp.	Beispiel
bspw.	Beispielsweise
bzw.	beziehungsweise
CAB	Change Advisory Board
Et al.	Et alii / et aliae (und andere)
etc.	et cetera (und die Übrigen)
ggf.	gegebenenfalls
Hrsg.	Herausgeber
i.d.R.	in der Regel
inkl.	inklusive
i.S.v.	im Sinne von
KVP	Kontinuierlicher Verbesserungsprozess
MA	Mitarbeiter
m.E.	meines Erachtens
MIT	Massachusetts Institute of Technology
MOT	Mensch, Organisation, Technik
PIR	Post Implementation Review
RfC	Request for Change
ROI	Return on Investment
sog.	Sogenannte
TQM	Total Quality Management
u.a.	unter anderem
u.Ä.m.	und Ähnliche[s] mehr
u.U.	unter Umständen
u.v.m.	und viele mehr
Verf.	Verfasser
Vgl./vgl.	Vergleich/vergleiche
z.B.	zum Beispiel

1 Einleitung

Die Tatsache, dass mit „Organisationsentwicklung“ und „Change Management“ zwei verschiedene Begriffe vorhanden sind, kann nicht darüber hinwegtäuschen, dass es bislang trotz vieler Bemühungen nicht gelungen ist, einen grundlegenden, konzeptionellen Unterschied zwischen beiden Disziplinen, weder im Hinblick auf den Forschungsgegenstand noch im Hinblick auf die theoretische Grundlage für ein praktisches Handeln, zu begründen oder zu finden. Entsprechend hat Georg Schreyögg festgestellt, „dass im Rahmen von Change Management bislang kein eigenständiges Konzept zu Wege gebracht wurde, das sich von der unter dem Begriff „Organisationsentwicklung“ begründete Forschungstradition unterscheiden würde“[1]. Mit anderen Worten: Organisationsentwicklung und Change Management haben denselben Gegenstand und basieren auf denselben Konzepten[2].

Da Change Management und Organisationsentwicklung weitgehend dasselbe meinen, aber Ersteres spätestens mit der Publikation von Doppler und Lauterburg[3] zum in Deutschland verbreitetsten betriebswirtschaftlichen Konzept zur Gestaltung betrieblichen Wandels geworden ist, während Letzteres historisch betrachtet dem Change Management vorausgegangen ist, besteht die Aufgabe der folgenden Kapitel darin,

- die Evolution der Organisationsentwicklung sowie die Ursachen für das Erscheinen derselben im historischen Kontext zu erklären und den Übergang zum Change Management zu beschreiben (Kapitel 1 und 2),
- den Gegenstand des Change Management zu definieren (Kapitel 2),
- die Frage zu beantworten, wie erfolgreich Change Management ist (Kapitel 3),
- das Change Management einer Kritik (Kapitel 3) zu unterziehen,
- sowie ein Fazit und einen Ausblick in die Zukunft von Change Management und der Gestaltung des Wandels im Unternehmen vorzunehmen (Kapitel 4 und 5).

Gerade in Unternehmungen, welche auf das Kaizen-Prinzip[4] zurückgreifen, ist festzustellen, dass das Management von Veränderungen zunehmend in den täglichen Aufgabenbereichen von Führungskräften und Mitarbeitern im Geschäftsalltag diffundiert. In der Folge werden entsprechend Change Agents oder Teams weniger eingesetzt. In den

[1] Schreyögg 1999
[2] ebenda
[3] Doppler / Lauterburg 1995
[4] Vgl.: Masaaki 1994

vergangenen Jahren, insbesondere seit Ende der 80er des 20. Jahrhunderts, wurden zahlreiche Ansätze entwickelt, welche in der Managementliteratur bekannt wurden unter Begriffen wie z.B.:

- Lean-Management,
- Business-Reengineering,
- Total Quality Management – TQM,
- Kaizen,
- Kernkompetenz-Management.

Zwischenzeitlich sind diese Ansätze weitgehend bekannt, jedoch teilweise schon wieder vergessen worden. Die aufgeführten Ansätze verfügen über die folgenden Gemeinsamkeiten:

- sie wurden ausgezeichnet vermarktet,
- sie wurden durch Fallbeispiele oder in realen Situationen verifiziert,
- sie diffundierten durch den Großteil der Unternehmen und

wurden letztendlich alle von neuen Konzepten abgelöst.5

Die Aussagen der genannten Ansätze können durchaus nutzbare Methoden enthalten. Veränderungsmanagement ist durch die Situation gekennzeichnet, dass sich Unternehmen einer permanenten Veränderung unterziehen müssen, damit sie langfristig am Markt erfolgreich sein können. Veränderungsmanagement ist aus diesem Hintergrund nicht zeitlich beschränkt, sondern stellt im evolutionstheoretischen Organisations- und Managementkontext eine dauerhafte Managementaufgabe dar, welche immer von neuem zu bewältigen ist. Hierzu sind im Unternehmen die organisatorischen Rahmenbedingungen entsprechend zu gestalten.6 Im späteren Verlauf dieses Buches werden wir die verschiedenen Ansätze des „geplanten und gesteuerten Wandels“ in den Dimensionen a) Veränderungsfähigkeit einer Organisation und b) Veränderungsnotwendigkeit in einer Organisation unterscheiden. Hierbei können die genannten Ansätze nebeneinander existieren.

---

[5] Vgl.: http://www.unternehmen-im-netz.com/nds/osnabrueck/wilsum/unternehmen.htm
[6] Vgl.: von der Oelsnitz 1999

2 Organisationsentwicklung: Wandel und die Notwendigkeit, denselben zu gestalten

Wandel ist allgegenwärtig, so sollte man denken, zumal keiner Zeit nachgesagt wird, sie habe sich so schnell verändert, wie die heutige. Richtig ist dabei vor allem, dass diese Aussage in allen Zeiten galt, also in der jeweils heutigen und zu jederzeit als völlig zutreffend empfunden wird. So schreibt zum Beispiel Michael Mumford: „With ever more rapid technical change, and increasing global competition, it has become clear that the ability of organisations to develop and field innovative new products and services is a crucial influence on long-term performance".[7]

Die Globalisierung der Märkte, der Druck auf Unternehmen sich zu internationalisieren und die Tatsache, dass die Konkurrenz unter Unternehmen vermeintlich immer größer wird, übt einen Druck auf dieselben und ihre Mitarbeiter aus, der sich nicht nur darin äußert, dass es geradezu „überlebensnotwendig" wird, innovativ zu sein, neue Produkte und somit veränderte Produktinhalte auf den Markt zu bringen[8], sondern auch darin, dass sich die Mitarbeiter eines Unternehmens ständig an die sich ändernden Randbedingungen des Marktes[9], unter denen sie arbeiten, anpassen müssen. Mit anderen Worten: Unternehmen sind mit der Notwendigkeit ständigen Wandels konfrontiert.

In den vergangenen Jahren sind viele Manager darüber hinaus immer mehr zu der Auffassung gelangt, dass sich das Umfeld ihrer Unternehmung als instabil und chaotisch zeigt. Nicht wenige Führungskräfte sind durch die zahlreichen Veränderungen psychisch und rational überfordert. Dieser Wandel des Umfeldes ist im Einzelnen bedingt durch z.B.:

- die politischen Veränderungen,
- die ökologischen Probleme,
- die rasante Dynamik des Technologiewettbewerbs,
- die weltweite Konkurrenz (inländische und ausländische),
- die Internationalisierung bzw. Globalisierung der Märkte bei gleichzeitiger Fragmentierung der Zielgruppen.

---

7 Mumford, 2000: 313
8 Braun-Thürmann 2005, Knoblauch 1996
9 Argyris 1990, Hammer 1990

Zudem hat sich seit den 80er Jahren des 20. Jahrhunderts das Manager-Umfeld durch die Tendenz zum Lean-Management stark verändert. Schließlich fordert eine schlanke Organisation einen strukturellen und kulturellen Wandel, ein Umdenken also gegenüber den wesentlich stärker bürokratisierten Organisationen der 80er Jahre. Durch kostensenkende Maßnahmen sehen zahlreiche Manager ihre Position in den Organisationen gefährdet. Eine Entwicklung, die noch lange nicht an ihrem Ende angekommen ist. Diese und andere Veränderungsprozesse werden auch in der Zukunft die Organisationsentwicklung und das Change-Management bestimmen.

Letztlich bringt jeder Kulturwandel neue Ordnungswerte. Diese neue Ordnung kann aber als unübersichtlich empfunden werden und an die Stelle von hierarchischer Sicherheit kann ein Gefühl der Unsicherheit treten. Oft sind dem Manager die alten und bisher festen sowie sicheren Orientierungsgrößen verloren gegangen. Somit bedarf es immer wieder einer neuen, verbesserten Perspektive für das Paradoxon von neuer Komplexität i. S. v. neuer Unübersichtlichkeit, Dynamik und Instabilität.

Ende der 50er Jahre des 20. Jahrhunderts ist in den USA die Disziplin der Organisationsentwicklung begründet worden, wobei das Ziel der Ansätze, die sich unter dem Stichwort „Organisationsentwicklung" sammeln lassen, darin bestand, den Wandel in Organisationen zu planen und rational zu gestalten. Aus der Anpassung an veränderte Randbedingungen sollte somit ein gezieltes und aktives Gestalten von Veränderungen werden.[10] Die Suche nach den Möglichkeiten, Wandel in Unternehmen zu gestalten, wurde relativ schnell bei sozialwissenschaftlichen Ansätzen fündig. Organisationsentwicklung wurde entsprechend zum Versuch, „bewusstseins- und verhaltensverändernde Lernprozesse" bei den Mitarbeitern eines Unternehmens herbeizuführen.[11] Die Methoden, die dabei zum Einsatz kamen, waren u.a. die „gruppendynamische Trainingsgruppe"[12], mit der die Lernpotentiale freigelegt werden sollten, die sich daraus ergeben, dass sich die Mitglieder einer Gruppe zum Gegenstand des Erforschens machen. Im Kontext dieser „re-edukativen Ansätze" kam schnell die Hierarchie als das, oder zumindest als eins der wichtigsten Hemmnisse, welche die optimale Anpassung an Veränderung behindern, in den Fokus. Das Ziel der Organisationsentwicklung bestand nunmehr darin, diejenigen Hierarchien aufzuweichen (oder abzuflachen), von denen erwartet wurde, dass sie Leistungsblockaden und Effizienzhemmnisse darstellen. Gleichzeitig wollte man spezifische zwischenmenschliche Werte in

---

[10] Ashby 1968, Bendixen 1980
[11] Wimmer 2003: 3
[12] Lippitt 1974

einer Organisation zu fördern.[13] Markenzeichen der Organisationsentwicklung ist somit die Prämisse, dass Veränderungen von Organisationen Veränderungen von Verhaltensmustern und Einstellungen bei den Mitgliedern der Organisation voraussetzen, oder, wenn man so weit gehen will, diese nicht nur voraussetzen, sondern aus eben diesen bestehen. Eine Veränderung, bzw. eine Entwicklung einer Organisation ist zumindest teilweise mit der entsprechenden Veränderung in Verhaltensweisen, Einstellungen und Motivationen[14] der Mitglieder der Organisation gleichzusetzen. In diesem Punkt unterscheidet sich die Organisationsentwicklung in keiner Weise vom Change Management und man tut sich schwer, die Organisationsentwicklung von anderen Forschungsfeldern der Ökonomie, wie zum Beispiel dem Human Resource Management,[15] oder der Suche nach dem adäquaten Führungsstil abzugrenzen[16]. Sämtliche dieser, oder verwandter Ansätze/Fragestellungen teilen die Suche nach der Verbesserung von Motivationen bzw. Einstellungen ihrer Mitarbeiter. So schreibt Wimmer in Hinblick auf den sozio-technischen Systemansatz, dass der hohe Stellenwert der Gruppe (für den innerbetrieblichen Wandel) darauf zurückgehe, dass „arbeitsfähige Teams sowohl das Leistungsniveau steigern, dass viele Funktionen, die sonst von Vorgesetzten oft nur unzureichend wahrgenommen werden, in Selbstorganisation übernommen werden, und dass obendrein die Arbeitszufriedenheit des Einzelnen steigt, weil elementare Bedürfnisse in der Gruppe abgedeckt werden können“[17].

Damit entspricht der Gegenstand der Organisationsentwicklung zum Teil dem, was im Human Resource Management unter den Stichworten „Job Design“ und „Teamwork“ diskutiert wird und sich in der Literatur zu „Leadership“ in der Unterscheidung diverser „Leadership Styles“ niederschlägt. Folglich ist es kaum möglich, den Gegenstand der Organisationsentwicklung unabhängig vom Gegenstand anderer Teilbereiche der Ökonomie oder der Psychologie zu bestimmen, was auch dazu beigetragen haben mag, dass die Anzahl der Wissenschaftler, die sich mit Organisationsentwicklung beschäftigen, eher gering geblieben ist[18]. Ist es schon kaum möglich, die Organisationsentwicklung klar von anderen Bereichen der betriebswirtschaftlichen Forschung zu differenzieren, so ist der Versuch, Organisationsentwicklung und Change Management voneinander zu trennen,

---

[13] Sievers 1978: 217
[14] Hierbei ist die Veränderung der Verhaltensweisen, rein prinzipiell gesehen, erstrangig für die Organisationsentwicklung, wobei die Veränderung der Motivationen bzw. der Einstellung der Teilnehmer die Nachhaltigkeit dieser Entwicklung bedingen und somit unmittelbar den mittel- und langfristigen Erfolg einer Organsationsentwicklungsmaßnahme bzw. einer Change Management-Maßnahme ausmachen.
[15] Baron & Kreps 1999
[16] Stoker et al. 2001
[17] Wimmer 2003: 15
[18] Wimmer 2003: 1

aussichtslos, wie z.B. die folgende Definition für Change Management, die Thom[19] gegeben hat, zeigt. Ihm zufolge umfasst Change Management „alle geplanten, gesteuerten, organisierten und kontrollierten Veränderungen in den Strategien, Prozessen, Strukturen und in den Kulturen sozio-ökonomischer Systeme". Da das Ziel der Organisationsentwicklung darin besteht, über die Veränderung von Einstellungen und Verhaltensmustern von Mitarbeitern den Boden zu bereiten, auf dem ein Wandel von Strukturen und Abläufen innerhalb eines Unternehmens erreicht werden kann, kann man an dieser Stelle festhalten, dass Change Management und Organisationsentwicklung ein und dieselbe Sache beschreiben. Da heutzutage der Begriff „Change Management" weiter verbreitet ist als „Organisationsentwicklung", setzen sich die späteren Kapitel explizit mit dem Change Management auseinander.

Nichtsdestotrotz bieten die folgenden Ausführungen, insbesondere die im Kapitel 5, im Zusammenhang mit Abb. 12, das Angebot, Organisationsentwicklung als einen Weg der Veränderung in einen größeren Rahmen aller Veränderungsmethoden und -möglichkeiten einzuordnen.

2.1 Geschichte der Organisationsentwicklung

Der Ursprung des gezielten Managements von Änderungen findet sich in der Organisationsentwicklung in den USA im ersten Drittel des 20. Jahrhunderts. Roethlisberger und Mayo untersuchten die zugrunde liegenden Vorgänge im Umfeld der Forschungen zur Leistungssteigerung bei Experimenten in Werken der Western Electric, wobei sich zeigte, dass die Leistungsfähigkeit der Mitarbeiter mehr von der Aufmerksamkeit für die Mitarbeiter beeinflusst wurde als von Änderungen der Arbeitsbedingungen. Kurt Lewin untersuchte dann in den 40er Jahren des 20. Jahrhunderts Phasen von Veränderungen, die zur Pioniertheorie im Rahmen der Organisationstheorie führten[20].

2.1.1 Die „Pioniertheorie"

Auch die Organisationsentwicklung selber unterliegt also Veränderungsvorgängen, deren bisherigen Verlauf die folgende Darstellung und die daran anschließende Erläuterung zeigt:

---

[19] Thom 1997: 201-202
[20] Vgl. RWTH Aachen: Kommunikation und Organisation 2005: 14-19

Abbildung 1: Wandel in der OE[21]

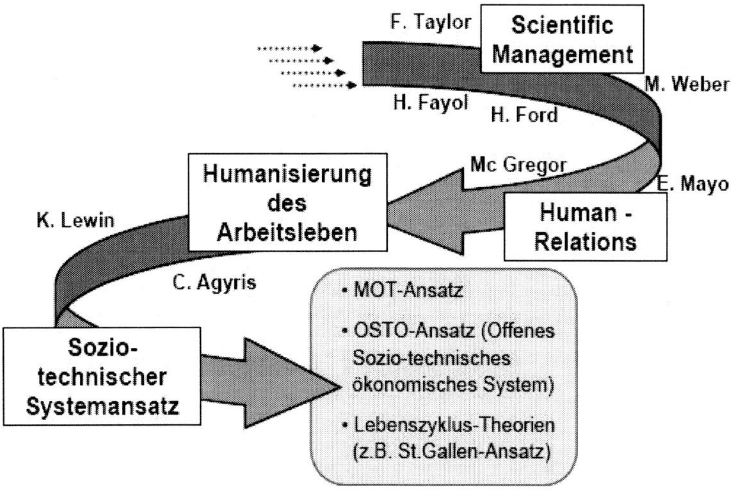

(Anm. d. Verf.: MOT = Mensch, Organisation, Technik; nach Escher, Strohm auch MTO)

Somit änderte sich das Profil des Menschenbildes gemäß den Kategorien der Darstellung vom Economic-Man zum Social-Man, später zum Self-Actualizing-Man und schließlich zum Complex-Man. Dies ist insofern von Bedeutung, als dass sich die Organisationsentwicklung als auf den Menschen fokussierende Disziplin diesem Wandel unterziehen musste.

Zu Beginn des 20. Jahrhunderts erörterte F. Taylor[22] in seiner Theorie zum Scientific Management, das heißt der rein wissenschaftlichen Herangehensweise, die Ausgangslage mit Angebotsüberhängen auf den Arbeitsmärkten und menschenunwürdigen Arbeitsverhältnissen. Als Problemfeld erwies sich die Koordination stark arbeitsteiliger Produktionsprozesse durch eine zentrale Instanz. Ziel war hier eine Erhöhung der Effizienz menschlicher Arbeitsleistung, wozu als Maßnahmen Zeit-, Arbeits-, und Bewegungsstudien, gezielte Auswahl und Ausbildung von Personal, optimale Arbeitsgestaltung sowie Entlohnung über Zeitakkord eingesetzt wurden. Das Profil ergibt hier den **Economic-Man**. Die Human Relations-Bewegung der 30er Jahre des 20. Jahrhunderts, vertreten unter anderem von Mayo und Roethlisberger, zeigte als Ausgangslage bzw. Problemstellung, dass auch bei „wissenschaftlicher Betriebsführung“ keine optimalen Ergebnisse erreichbar

[21] ebenda
[22] Vgl. Taylor 1911

sind. Als Ziele wurden daher die Komponenten empirisch fundierte Erforschung der Industriebedürfnisse, die Erhöhung der Arbeitszufriedenheit und die Verbesserung des Betriebsklimas definiert. Die hierfür geeigneten Maßnahmen waren die Schaffung von Informations- und Kommunikationsstrukturen zwischen Personen und Gruppe(n), die Einführung vertrauensvoller Führungs- und Kooperationspraktiken, sowie die Erweiterung der Arbeitsinhalte zur Motivationssteigerung im Sinne eines Human Resources-Ansatzes. Dieses Profil entspricht dem **Social-Man**.

In den 70er Jahren folgte der Human Relations-Bewegung eine weitere Variante der Humanisierung, vertreten unter anderem durch Emery und Thorsrud und dem Institut für industrielle Sozialforschung in Trondheim. Diese Bewegung initiierte in der BRD das staatliche Forschungs- und Aktionsprogramm HdA, der Humanisierung des Arbeitslebens. Grundlage hierfür war auch wieder die ungenügende Effizienz der „wissenschaftlichen Betriebsführung", sodass als Zielsetzung die Überwindung der Tayloristischen Arbeitsteilung, die Subjektstellung des Arbeitenden, sowie eine Förderung der Qualifizierung und Persönlichkeitsentwicklung des Mitarbeiters definiert wurden. Als entsprechende Maßnahmen galten die Neuformung der Arbeitsgestaltung zur Erweiterung des Tätigkeitsspielraums, dann Job Enlargement, Job Enrichment und Job Rotation sowie diverse partizipative Ansätze. Als Profil ergibt sich für diese Bewegung der **Self-Actualizing-Man**.

In den letzten Jahren des 20. Jahrhunderts bildete sich in der Organisationsentwicklung ein Menschenbild, das dem Anspruch, sich in einer Welt mit zunehmenden Einflüssen zu bewegen, gerecht wird. In gewisser Weise verbindet das Profil des **Complex-Man** die vorangegangenen Social-Man und Economic-Man und ergänzt sie[23].

Aus heutiger Sicht muss der Mensch nicht nur mit den angesprochenen zunehmenden Einflüssen sozialer und wirtschaftlicher Art zurechtkommen. Er ist kommunikativ mit dem ganzen Globus vernetzt, bekommt in „Real-Time" Nachrichten aus aller Welt, seine Arbeitgeber sind multinational. Krisen wie die Finanzkrise der letzten Jahre und Veränderungen der Märkte wirken sich überall aus. Für den in der Wirtschaft aktiven Menschen des 21. Jahrhunderts ergibt sich das Profil des **Global-Man**. Auch diese Entwicklung des Menschen, seines Platzes in der Welt und seines Selbstbildes setzt sich natürlich fort, wobei die Stichworte Vernetzung und, in den letzten Jahren, Social-Network, Cloud, blog, twitter, Virtuelle Realität, Avatar oder Alternate Life, immer mehr in den Vordergrund treten. Es ist nur eine Frage der Zeit, bis die Onlinewelten so viele

[23] Vgl. www.wirtschaftslexikon24.de

Möglichkeiten geben, bis die Grenze zur nächsten Stufe, die man vielleicht **Virtual-Man** nennen könnte, erreicht ist. Auch diese Stufe wird sich unmittelbar auf die Arbeit, auf Arbeitsplätze und selbstverständlich auf die Eigenschaften, Fähigkeiten und Motivationen des Arbeitnehmers der Zukunft auswirken.

Bereits in den 50er Jahren bildeten sich systemische Ansätze der Organisationsentwicklung heraus, die auf das Tavistock Institute of Human Relations in London zurückzuführen sind und eine Erweiterung ab circa 1980 erfuhren. Ausgangslage war zunächst eine hohe Anzahl von Abwesenheits- und Krankheitsfällen, sowie ein schlechtes Betriebsklima in den Kohlebergwerken Englands nach dem 2. Weltkrieg. Problematisch erwies sich hier die Optimierung des Gesamtbetriebs, da isolierte, andererseits initiierte und punktuell eingreifende Personal- oder Strukturmaßnahmen die Ganzheitlichkeit der Aktivitäten begrenzten oder sogar negierten. Zielsetzung war eine umfassende Erläuterung und Gestaltung von mit der Umwelt korrespondierenden Organisationen und deren Bestandteilen. Die ergriffenen Maßnahmen zeigten sich als übergreifende, ganzheitliche Innovationsansätze sowie in Form des Polyvalenzlohnsystems.

Die Erweiterungen der systemischen Ansätze in den 80er Jahren, vertreten unter anderem durch Ashby, Beer, Shannon, Weaver, Rieckmann und Henning et al., bezogen sich auf den Begriff des „Sozialen Systems“, der auf V. Pareto (1848-1923) zurückzuführen ist. Ausgangslage war die immer facettenreichere Entwicklung der Märkte, Politik und Gesellschaft im Allgemeinen. Als Problemfeld zeigten sich die herkömmlichen Betriebsstrukturen mit ihren für vorhersagbare Entwicklungen erarbeiteten Konzepten und dem damit zusammenhängend genutzten Gestaltungspotential des Menschen[24].

2.1.2 Was ist Change Management?

Der Begriff Change Management ist seit Mitte der 1990er Jahre sehr populär geworden[25], und die Literatur über Change Management ist dementsprechend zahlreich und vielfältig. Betrachtet man die Literatur darauf hin, was unter Change Management oder „Veränderungsmanagement“ oder „Management des Wandels“, wie es im Deutschen häufig bezeichnet wird[26], eigentlich verstanden wird, so fällt auf, dass der Begriff häufig gar nicht definiert wird (so z.B. bei Faulhaber und Winterling 1995 und Schuh et al. 1998). Es scheint, dass für Change Management gilt, was Litke für den Begriff Management

[24] In enger Anlehnung an RWTH Aachen: Agenda, Kommunikation und Organisation 2005: 14-19
[25] Al-Ani & Gattermeyer 2001: 13
[26] Reiss 1997: 6, Thom 1997: 201

festgestellt hat: „Der Management-Begriff gehört zu jenen Termini, die jeder versteht und genau zu kennen glaubt, deren präzise merkmalsmäßige Festlegung jedoch unerwartete Schwierigkeiten bereitet"[27]. Sofern Change Management überhaupt definiert wird, bezieht sich die Definition häufig nur auf einen der beiden Teilbegriffe (Change oder Management).

So definiert Vahs: „Change Management ist die zielgerichtete Analyse, Planung, Realisierung, Evaluierung und laufende Weiterentwicklung von ganzheitlichen Veränderungsmaßnahmen in Unternehmen"[28]. Damit wird beschrieben, was Management bedeuten soll, aber was unter „ganzheitlichen Veränderungsmaßnahmen" zu verstehen ist, bleibt unklar. Diesbezüglich konkreter wird Thom in seiner Definition des „Management des Wandels", das „[...] alle geplanten, gesteuerten, organisierten und kontrollierten Veränderungen in den Strategien, Prozessen, Strukturen und in den Kulturen sozio-ökonomischer Systeme [...]"[29] umfasst.

Zwar ist eine möglichst konkrete Begriffsdefinition wünschenswert, weil nur sie sicherstellt, dass ein Begriff (weitgehend) einheitlich benutzt wird und damit klar ist, was der Begriff beinhaltet und was durch ihn ausgeschlossen wird. Jedoch macht jede konkrete Begriffsdefinition eine Reihe weiterer Begriffsdefinitionen notwendig. Im Anschluss an die oben zitierte Definition von Thom müsste z.B. definiert werden, was unter „sozio-ökonomischen Systemen" und unter „Kulturen sozio-ökonomischer Systeme" verstanden wird. Vielleicht ist das der Grund, warum die bei weitem meisten Definitionen sehr allgemein gehalten oder weniger Definitionen im engeren Sinn als Begriffserläuterungen sind, so z.B. bei Doppler und Lauterberg, wo es heißt: „Change Management beschäftigt sich [...] u.a. mit spezifischen Fragen der Unternehmensführung, der Organisation, des Personalmanagements sowie der Kommunikation und Information"[30], oder bei Al-Ani und Gattemeyer, die schreiben: „Unter Change Management lassen sich alle Maßnahmen subsummieren, die zur Initiierung und Umsetzung von neuen Strategien, Strukturen, Systemen und Verhaltensweisen notwendig sind."[31]

---

[27] Litke 2004: 20
[28] Vahs 2003: 252
[29] Thom 1997: 201-202
[30] Doppler und Lauterbach 1994: 26
[31] Al-Ani und Gattemeyer 2003: 15

Festhalten lässt sich also, dass der kleinste gemeinsame Nenner der auffindbaren Definition der Begriffe Change Management oder „Veränderungsmanagement" oder „Management des Wandels" die willentliche Gestaltung und Steuerung von Veränderungs- oder Wandlungsprozessen in Organisationen bezeichnet. Ob dabei eine konkrete Vorstellung eines Zielzustandes handlungsleitend ist oder nicht, ist umstritten. Während Scholz zumindest „eine kontinuierliche Verbesserung von Strukturen und Prozessen in der gesamten Organisation"[32] anstrebt, steht für andere Autoren nicht eine konkrete Vorstellung davon, was anders werden soll und wie es werden soll im Mittelpunkt der Betrachtung, sondern allgemein die Schaffung von Bedingungen, die sich günstig auf die Veränderungsbereitschaft und die Veränderungsmöglichkeiten in einer Organisation auswirken[33]. Nach Reiss geht es vor allem um „das ‚Wie' des Veränderungsprozesses"[34].

Wirkliche Definitionen von Change Management sind nicht nur vergleichsweise selten oder, wenn sie denn vorhanden sind, allgemein gehalten. Es finden sich auch Ausführungen von Autoren zum Change Management, die nur als Versuch gewertet werden können, eine Definition regelrecht zu umgehen, so z.B. bei Kraus: „Change-Management ist [...] ein Meta-Begriff, der einzelne Konzepte subsummiert, die sich durchaus ergänzen oder auch widersprechen können"[35]. Diese Auffassung wird in den späteren Kapiteln wieder aufgenommen und weitergeführt. Angesichts der fehlenden Präzision der Aussagen darüber, was Change Management sei, ist es nämlich weder möglich anzugeben, was genau es einschließt, noch was es ausschließt, und damit ist es auch nicht möglich, Change Management von verwandten oder ähnlich verwendeten Begriffen wie „Transition Management", „Organisationsentwicklung", „Innovationsmanagement", „Lean Management", „Total Quality Management" oder „Reengineering" abzugrenzen. Häufig werden diese Begriffe synonym verwendet oder als Unterkategorien von Change Management aufgefasst.[36]

---

[32] Scholz 1995: 5
[33] Vgl. Reiss 1997: 9
[34] Reiss 1997: 37
[35] Kraus et al. 2004:15
[36] Reiss (1997: 9) beschreibt das Verhältnis zwischen „Change Management" und einigen der genannten Managementformen wie folgt: „Change Management: Alle Prozesse der globalen Veränderung, sei es durch Revolution oder geplante Evolution, fallen in das Aufgabengebiet des Change Managements. Zu den harten, revolutionären Ansätzen die Modelle der Corporate Transformation und Business Transformation, die innerhalb des „Reengineering" propagiert werden. Sie stellen alle Bereiche des gewachsenen Kontexts zur Disposition. Weiche, stärker evolutionär angelegte Ansätze stammen aus der Organisationsentwicklung".

2.1.3 Wie funktioniert Change Management? Grundlegende Konzepte und Instrumente

Was unter Change Management zu verstehen ist, wird deutlicher, wenn man betrachtet, mit welchen Konzepten im Change Management gearbeitet wird und welche Bereiche betrieblicher Zusammenhänge Gegenstand von Change Management sind. Im Zusammenhang mit dem vorliegenden Text können nur einige grundlegende Konzepte und Tätigkeitsfelder von Change Management vorgestellt werden, die in der Literatur über Change Management eine besonders große Rolle spielen und relativ einheitlich beschrieben werden.

2.1.4 Evolutionäre und revolutionäre Veränderungsprozesse

Jede Organisation ist Veränderungsprozessen unterworfen. Wenn diese schon nicht vom sich stetig ändernden Markt, der Mitbewerbersituation, Gesetzesänderungen, neuen Vorschriften, der Globalisierung, oder gar der Sicht der Menschen auf die betreffende Leistung, bzw. das Produkt angeschoben werden, ändert sich eine Organisation langsam aber stetig durch die Entwicklung, das Altern oder den Austausch seiner Mitarbeiter. Wie ein lebender Organismus, der sich ständig erneuert, ist ein Unternehmen nie da selbe, wie es vor einem Jahr war. Somit fällt grundsätzlich eine Veränderung anbei, die unbemerkt und meist ungesteuert vonstattengeht.

Change Management, dagegen, wird meist dann als erforderlich betrachtet, wenn Widersprüche oder Krisen in einer Organisation auftreten bzw. wahrgenommen werden. Dies kann eine „verschlafene“ Neuerung der Umwelt sein, oder ein plötzliches Bemerken, dass der schleichende Veränderungsprozess die Organisation in einen Ist-Zustand gebracht hat, welcher so stark vom Soll abweicht, dass es letztendlich auffällt. Meist aber handelt es sich bei den großen Veränderungen aber um einen Impuls von außen. Krisen werden allgemein als jeweils spezifische Phasen eines Veränderungsprozesses, genauer: eines

---

Geissler (1996: 81) fasst alle Veränderungsprozesse als Lernprozesse zusammen, und die Frage, wie Organisationen lernen, ist für ihn Gegenstand des Ansatzes der „lernenden Organisation“. So gesehen wäre Change Management eine Unterkategorie dieses Ansatzes.
Ich selbst widerspreche diesen beiden Auffassungen zum Teil und verstehe Change Management, ähnlich wie auch Kraus, als die Gesamtheit des gesteuerten Wandels. Die einzelnen Change Management-Methoden unterscheiden sich in der Herangehensweise und der Umsetzung, was den unterschiedlichen Ausgangslagen bzw. dem Antrieb, oder, wenn man so will, der Notwendigkeit des Wandels Rechnung trägt. Darüber hinaus unterscheiden sich die verschiedenen Change Management-Ansätze in der Schwere des Eingriffs, also dem Delta zwischen Soll und Ist – und damit unmittelbar in der Wahl der „Instrumente“, sowie der Zielsetzung. Beispielsweise ist der Unterschied eines „Turn-Around“ zu einer „KVP“-Entwicklung in Art, Methodik, Zielsetzung und Umsetzungsmaßnahmen, sowie „Impact“, also Auswirkungen auf die sich verändernde Organisation deutlich auszumachen. Beide sind aber „managed“ und beide sind „change“.

Prozesses der Fehlentwicklung betrachtet, der häufig als in drei Phasen gegliedert vorgestellt wird, nämlich eine latente Krisenphase, eine akute Krisenphase und eine nachkritische Phase[37]. Krisen können, wie gesagt, unternehmensinterne oder unternehmensexterne Ursachen haben, die als Auslöser fungieren. Jedoch scheint internen Ursachen weit größere Bedeutung zuzukommen[38], zumal diese die Reaktion auf den veränderten externen Bedingungen darstellen können. Unternehmensexterne Auslöser bergen aber oft auch die größeren Veränderungsnotwendigkeiten, denen allgemein schneller begegnet werden muss.[39]

Nach Krüger können sich, darauf beruhend, krisenhafte Veränderungsprozesse revolutionär, d.h. in wenigen großen Schüben, oder evolutionär, d.h. in vielen kleinen Schritten, vollziehen.[40] Welche Vorgehensweise im Rahmen des „Change Management" angebracht ist, hängt davon ab, um welche Art von Veränderungsprozess es sich jeweils handelt und in welcher Phase der krisenhaften Entwicklung sich die Organisation befindet. Als extreme Instrumente des „Change Management" im Zusammenhang mit revolutionären bzw. evolutionären Veränderungsprozessen können das „Business Reengineering" bzw. die Organisationsentwicklung gelten[41]: beim revolutionären Vorgehen im Sinn des „Business Reengineering" werden das Unternehmen und die wesentlichen Unternehmensprozesse fundamental überdacht und radikal verändert, ohne dass dabei auf die im Unternehmen bestehenden Strukturen und Prozesse Rücksicht genommen wird. Ziel ist eine nachhaltige Effizienzsteigerung in Bezug auf ökonomische Faktoren, z.B. Umsatzsteigerung um einen bestimmten Prozentsatz. Dagegen zielt die Organisationsentwicklung, mittels derer (moderat) evolutionäre Veränderungsprozesse gestaltet werden sollen, auf graduelle Anpassungen oder Verbesserungen unter Partizipation der Organisationsmitglieder ab[42]. Letzterem kommt besondere Bedeutung zu, weil davon ausgegangen wird, dass sich die Strukturen in einer Organisation erst dann (stabil) verändern können, wenn sich die Einstellungen, Werte und Verhaltensweisen der Organisationsmitglieder verändert haben.[43] Auf diese Bedeutung wird im Verlaufe dieses Buches noch gesondert eingegangen.

---

[37] Staehle 1999: 3; Müller (1986:53-58) unterscheidet in Entsprechung zu den jeweils bedrohten Unternehmenszielen strategische Krisen, Erfolgskrisen und Liquiditätskrisen.
[38] Lüthy 1988: 47 sowie Probst & Raisch 2005: 90
[39] Beispielsweise: Turn Around, Merger, feindliche Übernahme
[40] Vgl. Krüger 1994: 216
[41] Thom 1996: 7-9
[42] Siehe dazu: ABB 12
[43] Schreyögg & Noss 1995

2.1.5 Das Modell sozialer Veränderungen nach Kurz Lewin und darauf aufbauende Phasenmodelle von Veränderungsprozessen

Die meisten Projekte zum Change Management zielen auf die Gestaltung evolutionärer Veränderungsprozesse ab, und zu diesem Zweck bedienen sich die verschiedenen Ansätze im Change Management verschiedener Phasenmodelle, die mehrheitlich auf das Modell sozialer Veränderungen nach Kurt Lewin (1947) und seine Ausarbeitung durch Edgar Schein (1964) zurückgehen.

Dieses Modell umfasst drei Phasen von Veränderungsprozessen: In der ersten Phase geht es darum, die Einstellungen und dominanten Verhaltensmuster der Organisationsmitglieder festzustellen und „aufzutauen" (unfreezing), d.h. die Organisationsmitglieder dazu zu bringen, sie zu hinterfragen und eine Bereitschaft zur Veränderung zu schaffen. Dabei muss möglicherweise psychologische Unterstützung geleistet werden, die den Organisationsmitgliedern helfen soll, die Scham über ihr bisheriges, aus der neuen Sicht defizitäres Verhalten zu überwinden.[44] In der zweiten Phase (moving) werden neue Verhaltensweisen erprobt und teilweise übernommen, die zu einem neuen stabilen Zustand führen sollen. „Das Verhaltensspektrum der Organisationsmitglieder reicht in dieser Phase von einer passiven Anpassung an die neuen strukturellen Bedingungen bis hin zu einer aktiven Teilnahme an ihrer Gestaltung."[45] Diese aktive Teilnahme kann von der Identifikation und dem Aufzeigen von Problemen über die Suche nach Handlungsalternativen oder Lösungsmöglichkeiten für bestimmte Probleme bis hin zur Informationssuche in Bezug auf die Umsetzung bestimmter Handlungsalternativen reichen.[46] Die dritte Phase ist die Phase der Stabilisierung des neuen Zustandes (refreezing), die durch Bestätigung, psychologische Unterstützung und Verhaltensbestätigung gekennzeichnet ist.[47]

2.1.6 Veränderungsstrategien und Interventionstechniken des Change Management auf der personalen und auf der strukturellen Ebene

Für die Gestaltung der einzelnen Phasen des Veränderungsprozesses ist es notwendig, eine Stelle innerhalb der Hierarchie im Betrieb auszuwählen, von der aus der Veränderungsprozess eingeleitet wird. In der Literatur werden diesbezüglich vier Strategien unter-

[44] Zand & Sorensen 1975: 535
[45] Vahs 2003: 322
[46] Zand & Sorensen 1975: 535
[47] Vgl. Zand & Sorensen 1975: 535-536; Beispielhaft für die im Change Management verwendeten Modelle von Veränderungsprozessen seien das vier Phasen umfassende Modell von Becker / Langosch (1995: 53-54) und das sieben Phasen umfassende Modell von Streich (1997) genannt. Beide sind lediglich Ausformulierungen des 3-Phasen-Modells von Lewin.

schieden, nämlich die Spitze-abwärts- oder top-down-Strategie, die Basis-aufwärts- oder bottom-up-Strategie, die bipolare Strategie und die Keil-Strategie[48], wobei der top-down-Ansatz in den meisten Fällen als der effizienteste angesehen wird, weil Interventionen, die von der Ebene des Top-Managements ausgehen, am ehesten durchsetzbar sind[49] und im Normalfall ein erheblicher Wissensvorsprung der oberen gegenüber den nachgeordneten Ebenen besteht. Je nachdem, welche Veränderungsstrategie gewählt wird, variiert, wer betriebsintern als „Change Agent“ fungiert.

Weil jede Organisation ein komplexes System von Menschen und Objekten darstellt, das anhand einer bestimmten Struktur bestimmte Aufgaben zu erfüllen versucht[50], werden in Projekten des „Change Managements“ idealer Weise ein personaler Ansatz, der auf Veränderungen von Einstellungen und Verhaltensweisen von Schlüsselpersonen im Betrieb oder von Mitarbeitern im Allgemeinen abzielt und ein struktureller Ansatz, der auf die Veränderung der Organisationsstrukturen im Betrieb abzielt, kombiniert.[51]

Im Rahmen des personalen Ansatzes werden als Interventionstechniken verhaltenswissenschaftlich und / oder gruppentherapeutisch geprägte Verfahren angewendet. In so genannten „Sensitivity Trainings“ werden die Schlüsselpersonen oder Mitarbeiter dazu gebracht, die Beschränkungen ihrer bisherigen Einstellungen, Verhaltensweisen zu erkennen, sie zu hinterfragen und alternative Verhaltensweisen einzuüben[52]; durch Dritt-Parteien-Interventionen oder die Arbeit in Encounter-Gruppen sollen die Konflikt- und Kommunikationsfähigkeiten gestärkt werden.[53]

Der strukturelle Ansatz bedient sich der Techniken auf der Ebene der Organisation, darunter des Kontingenz-Ansatzes, bei dem das Verhältnis zwischen Organisation und Umwelt sowie die Interaktion zwischen Subsystemen in der Organisation analysiert werden[54]. Es geht also um Konfrontationssitzungen, die vorrangig dazu dienen sollen, unter Mitarbeit möglichst vieler Organisationsmitglieder Probleme und Konflikte zu identifizieren und Lösungsvorschläge zu entwickeln[55], oder das so genannte „Management by Objectives“, anhand dessen eine Integration der Ziele der Organisation mit

---

[48] Thom 1996: 14-18
[49] Staehle 1999: 935
[50] Staehle 1999: 94
[51] Thom 1992: 1481-1482
[52] Vgl. hierzu z.B. das Modell von Schein & Bennis 1965
[53] Vgl. z.B. das sechsstufige Modell für die Arbeit in Encounter-Gruppen von Rogers 1974: 127
[54] Vgl. Lawrence & Lorsch 1967
[55] Beckhard 1967

individuellen Zielen erreicht werden soll.[56] Diese Interventionstechniken zielen zwar auf Veränderungen der Strukturen ab, nach denen die Organisation funktioniert, sie setzten hierzu aber bei Mitarbeitern (auf verschiedenen Ebenen der Organisationshierarchie) an und müssen daher als verhaltenstheoretisch geprägte Interventionsansätze gelten.

Die systemische Intervention stellt eine Interventionstechnik dar, die stark den Konzepten und Begriffen der Systemtheorie verbunden ist. Sie geht von der Fähigkeit von Systemen, sich selbst zu organisieren und zu strukturieren aus und zielt daher „nicht auf Veränderung, sondern auf Verstehen der komplexen Beziehungen und auf eine unvoreingenommene Diskussion der (vermeintlichen) Vor- und Nachteile der bestehenden Strukturen".[57] Es scheint aber, dass dieser Ansatz gegenüber den verhaltenstheoretisch geprägten Ansätzen im Change Management ein Schattendasein fristet (worauf später noch zurückzukommen sein wird).

Neben den Instrumenten im Rahmen der Strategie zur Gestaltung des Veränderungsprozesses in einer Organisation werden im Change Management auch Instrumente zur Prüfung der Wirksamkeit der Strategie implementiert. Z.B. soll der Erfolg verschiedener Interventionstechniken im Rahmen eines „Change Management"-Projekts durch den Einsatz u.a. von Reportingsystemen und Mitarbeiterbefragungen gewährleistet werden[58]. Dies leitet direkt über zu der Frage danach, wie gut sich Change Management bisher in der Praxis bewährt hat.

2.1.7 Change Management aus der Sicht des Mitarbeiters

Während des Change Prozesses leben die Mitarbeiter bis zum Übergang in die neue Struktur in einem oft sehr unbefriedigenden Zustand. Oft treten in diesem Zusammenhang Unsicherheiten über die Zukunft auf. Es ergeben sich Fragestellungen wie:

- Wie geht es weiter?
- Was wird aus mir?
- Gibt es meinen Job nachher noch?
- Was soll ich nun machen?
- Muss ich mehr arbeiten?

[56] Beck & Hillmar 1976
[57] Staehle 1999: 970
[58] Vgl. Doppler & Lauterburg 1995: 95-99 sowie Al-Ani & Gattermeyer 2000: 21-33

Solche Fragen bewegen und beschäftigen u.a. die Mitarbeiter der Organisation. In diesem Zusammenhang sind erfahrungsgemäß die folgenden zwei Verhaltensweisen zu beobachten:

- Passivität / Winterschlaf:
  Der Mitarbeiter identifiziert sich nicht mehr mit dem Unternehmen, macht nur noch Dienst nach Vorschrift (Fall der inneren Kündigung mit sog. l. m. a. A.-Einstellung). Die Folge: es wird nur noch bedingt den Anweisungen des Vorgesetzten gefolgt, Qualitätsprobleme, nachlassende Zuverlässigkeit u.v.m.
- Aktivität / Operative Hektik:
  Ein hyperaktiver Aktionismus zeichnet das Tagesgeschäft aus. Es werden Projekte generiert. Der Mitarbeiter möchte überall mitmischen, nichts verpassen um auf jeden Fall in einem guten Licht zu erscheinen. Auch hier zählt nicht die Qualität der Arbeit, sondern die Show nach oben („Zirkus-Veranstaltung“).

Die beiden aufgezeigten Verhaltensmuster sind eher kontraproduktiv und gefährden das operative Geschäft. Die Verhaltensweisen sind also zu beobachten; es ist entsprechend zu intervenieren bzw. für offene Information und Akzeptanz zu sorgen.

3 Organisationsentwicklung und Change Management heute

Wie die bisherigen Betrachtungen herausgearbeitet haben, prägen Veränderungen das heutige Unternehmensbild und die heutige Unternehmenslandschaft. Durch die Globalisierung der Märkte, zunehmende Vernetzung und steigende Transparenz verlaufen diese Entwicklungen immer schneller und schneller, verlangen somit also ständige Anpassung an wechselnde Einflüsse und sowohl die Integration eines entsprechenden „Anpassungs-Managements" als auch die ständige Weiterentwicklung desselben. Handelte ein Unternehmen früher reaktiv, war mehr oder weniger überrascht von einem Situationswechsel, so agiert es heute prospektiv und plant die mittlerweile erwarteten Änderungen in sein Konzept ein. Die fortlaufende Optimierung von Kommunikations- und Produktionstechnologien erfordert im Sinne der Wettbewerbspositionierung ein hohes Maß an Flexibilität bei gleichzeitig nachhaltiger Sicherung und Entwicklung von Potentialen. Unternehmen unterliegen neben den permanent anstehenden Veränderungen des betrieblichen Ablaufes einem weiteren Wandel, der von Umwelt, Markt, Technik, Konjunktur und Generationswechsel bedingt wird und sich je nach Verlauf innerhalb von fünf bis zehn Jahren für das gesamte Unternehmen ankündigt.[59]

Das Management von Veränderungsprozessen ist inzwischen zur unternehmerischen Kernkompetenz geworden, wobei nicht übersehen werden kann, dass in den Bereichen der Einführung und Sicherung mit 40% bis 70% eine relativ hohe Quote von Misserfolgen existiert. Ungefähr 75% der durchgeführten Unternehmensumstrukturierungen, sei es als Fusion, Downsizing oder Outsourcing, weisen nicht das gewünschte Ergebnis der Verbesserungen auf, wie Fay & Lührmann feststellen.[60] Gründe für dieses wenig effiziente Ergebnis sind fehlende Beteiligung des Topmanagements, mangelhafte Informations- und Kommunikationsstrukturen wie auch ungenügende Einbeziehung der Mitarbeiter in einer offensichtlich wenig innovationsorientierten Gesamtorganisation.[61] Außerdem muss das entsprechende Change-Management Werkzeug (Methode) der Aufgabe gewachsen sein, der Projektaufwand der Größenordnung des zu bewältigenden Deltas zwischen Soll und Ist entsprechen und dem Menschen den Stellenwert zugestehen, den er verdient. Nicht zuletzt sind u.a. Unfähigkeit des Change-Managers und die aus seiner Sicht verständliche Weigerung, ein persönliches Versagen zuzugeben, denkbar.

---

[59] Vgl. Nutt , in: Elke 2004: 1083-1103
[60] Vgl. Fay & Lührmann , in: Elke 2004
[61] Vgl. Baer / Frese 2003, in: Elke 2004: 45-68

Eine weitere Betrachtung dieser Aspekte sowie ein Blick auf die Zukunft der Organisationsentwicklung bzw. des Change Management erfolgt im letzten Kapitel dieses Werkes.

3.1 Organisationsentwicklung heute

Neben den Veränderungen in Organisationen, deren Umfeld und dem Menschenbild unterliegt auch die Organisationsentwicklung und die Sichtweise, bzw. die Definition des gesteuerten Wandels, einer stetigen Veränderung. Organisationsentwicklung unterscheidet sich demnach heute klar von Reorganisation und Business Process Reengineering durch spezifische Planung und Zielorientierung bei langfristiger Orientierung. Dieses steht punktuellen oder kurzzeitigen Gestaltungsmaßnahmen im Prinzip entgegen, da Organisationsentwicklung als langfristig einsetzbares Instrument einen organisationsumfassenden Wandel bezweckt. Nüssel[62] zitiert hierzu passend French und Bell: „Organization development is a long-term effort, led and supported by top management, to improve an organization's visioning, empowerment, learning, and problem-solving process, through an ongoing, collaborative management of organization culture - with special emphasis on the culture of intact work teams and other team configurations - utilizing the consultant-facilitator role and the theory and technology of applied behavioural science, including action research."[63]

In das Veränderungsgeschehen sind in der Regel alle Betroffenen involviert und zwar von Beginn bis Ende des Wandels. Lernprozesse und die Entwicklung von Problemlösungen gehören zu den Kernpunkten, wodurch auch der Begriff der lernenden Organisation entstand. Das Schweizer Unternehmen ID Andragogia GmbH[64] konkretisiert hier die Mitarbeiterkomponente, indem sie als Ziel der Organisationsentwicklung bzw. Unternehmensentwicklung die parallel verlaufende Verbesserung der Leistungsfähigkeit der Organisation/ des Unternehmens im Sinne von Effektivität und die Qualität des Arbeitslebens im Hinblick auf Humanität hervorhebt. Demnach lernen die Mitarbeiter in erster Linie durch Erfahrung, gemäß einem Training on the Job, da sie ein Verständnis für ihre veränderte Tätigkeit entwickeln, indem sie diese ausüben. Wichtig ist dabei der

[62] Vgl. Nüssel 1999/2000: 15
[63] French & Bell, in: Nüssel 1995: 28
[64] Vgl. http://ida.ch/index.htm

Kenntniserwerb über die organisationsinternen Zusammenhänge und die zugehörige Reflektion. Aus der Abstraktion wird so eine direkte Auseinandersetzung mit definierten Problemen.

3.2 Change Management heute

Auf diesem eben beschriebenen Wege lässt sich noch einmal die Brücke zum Change Management schlagen, bei welchem, wie festgestellt wurde, das eine Teilmenge des anderen ist, aber in den grundsätzlichen Charaktereigenschaften der Organisationsentwicklung entspricht. An dieser Stelle soll dies noch einmal aus „heutiger Sicht" konkretisiert werden.

Der Annahme, dass Veränderungen nicht steuerbar sind, wird heute ein gezieltes Management entgegengesetzt. Unternehmen haben zwischenzeitlich gelernt, dass Wandel keine Ausnahme mehr darstellt, sondern zur Regel geworden ist. Geändert hat sich in den letzten zwanzig Jahren insbesondere die Definition von Wandel, der nun nicht mehr ausschließlich als Bedrohung verstanden wird, sondern als Chance für Innovationsprozesse gilt, mindestens aber ein Teil des normalen Umfeldes eines Unternehmens geworden ist. Das neu entwickle Change Management bietet ein großes Spektrum von Interventionsinstrumenten, die eine Übersicht, Vorausschau und Planbarkeit möglich machen.[65]

Abbildung 2: Drei Seiten des Wandels[66]

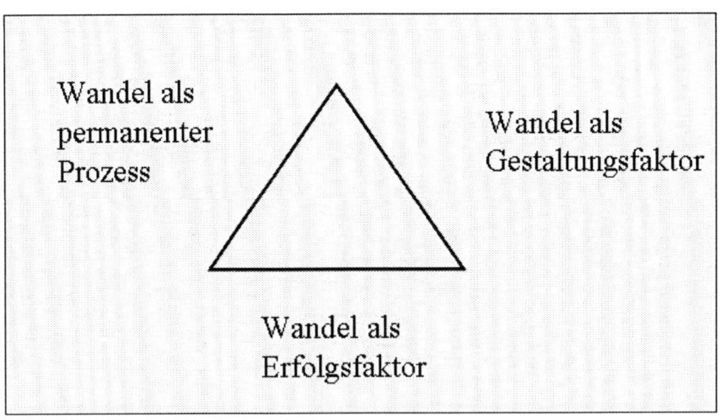

[65] Vgl. 4Managers: Change Management – Wandel ist machbar- http://www.4managers.de/themen/change-management/
[66] In Anlehnung an 4Managers

Nun gilt es dabei nicht, Wandel zu erzwingen, wesentliches Ziel ist das Erkennen der ständigen Notwendigkeit von Wandel bzw. Änderungen, um eine Systematisierung[67] der Vorgänge zu erreichen. Laut Elke[68] ist Organisationsentwicklung kein in sich geschlossener Ansatz; sie wird als praxisübliche Beratungsstrategie definiert, die in der Änderung von Organisationen über verhaltenswissenschaftliche Theorien, Methoden und Techniken erfolgt. Das Ergebnis muss dann den jeweiligen Umwelten und den dazugehörigen Gegebenheiten des Unternehmens gemäß seinem Werdegang entsprechen. Maßnahmen der Organisationsentwicklung unterliegen so einer hohen Variabilität, die trotz allem charakteristische Gemeinsamkeiten aufweist, wie z.B. die duale systemisch-partizipativ orientierte Prozessgestaltung. Die spezifische Systematik differierender Veränderungsprozesse überbrückt zwei Dimensionen. Auf den Achsen eines Koordinatenkreuzes lässt sich die Reichweite und das entsprechende Managementverständnis von Change-Maßnahmen darstellen[69]:

Abbildung 3: Reform, Achsen

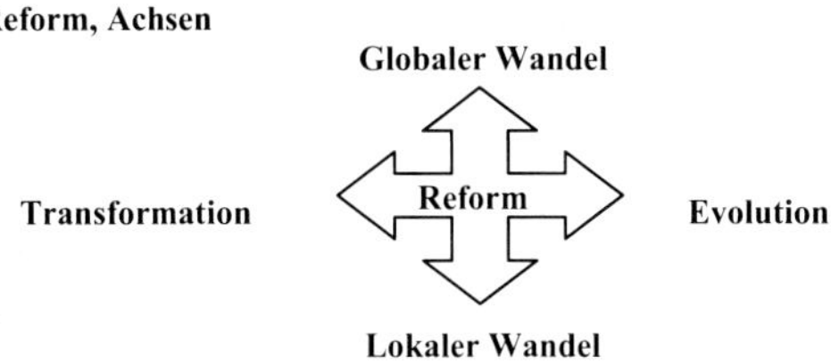

Die Orientierung von Organisationsentwicklung ist dual, damit auch die Aktivität des Change Managements. Beides ist ausgerichtet auf die Erhöhung der Effektivität und Effizienz von betrieblichen Leistungen sowie die Optimierung von Arbeitsqualität.

3.3 Der Bewährungsgrad des Change Management in der Praxis

Wie gut sich Organisationsentwicklung und damit im gleichem Atemzuge Change Management in der Praxis bewähren, ist eine Frage, die sich auf der Grundlage der Literatur kaum beantworten lässt. Zwar wird über diverse Techniken zur begleitenden Erfolgsmessung von Change Projekten (OE/CM) berichtet, aber man findet kaum

---

[67] Diese Systematisierung ist bis heute individuell und nicht DV unterstützt durchzuführen: Es gibt keinerlei funktionierende, allgemeingültige Softwarelösung.

[68] Vgl. Elke: Veränderung von Organisationen (Organisationsentwicklung)

[69] 4Managers: Change Management –Wandel ist machbar

Hinweise darauf, ob und vor allem ggf. wie der mittel- bis langfristige Erfolg der Projekte nach ihrem Abschluss überprüft wird. Darüber hinaus handelt es dabei sich bisweilen um Techniken, die eher im reinen Projektmanagement beheimatet sind als um tatsächliche OE/CM Spezifika.

Das Wenige, was in der Literatur zum Bewährungsgrad von Change Projekten zu finden ist, vermittelt den Eindruck, dass solche Projekte überwiegend wenig erfolgreich sind: Burnes berichtet, dass mehr als 60% aller Change Management Projekte als gescheitert betrachtet werden müssen.[70] Man könnte einwenden, dass es für die Erfolgswahrscheinlichkeit eines Change Management-Projektes einen Unterschied macht, was genau die Ziele des Projektes waren und wie umfassend die angestrebten Veränderungen waren, so dass für Interventionen in verschiedenen Bereichen und verschiedenen Typen von Betrieben mit unterschiedlichen Erfolgsquoten zu rechnen ist.

Hierbei ist im Allgemeinen das Problem der Überprüfungsmethodik zu betrachten. In der Literatur wird diese kaum, und wenn überhaupt, wenig konkret und ausreichend sinnvoll beschrieben. Eine weitergehende Erläuterung einzelner Instrumente ist nicht zu finden: „Die Effektivität der Change Management-Maßnahmen kann auch entsprechend gemessen werden, d.h. sie können von den Zielgruppen, auf die sie wirken, bewertet, ihre kostenmäßige Effizienz durch Benchmarks verglichen, die intendierte Verhaltensänderung beobachtet und die Verwendung neuer Werkzeuge und Systeme überprüft werden. Obschon Change Management auf den Menschen in der Organisation abzielt, entzieht es sich noch lange nicht einer entsprechenden quantitativen und qualitativen Nutzenbewertung."[71] Die Aussagekraft reiner Kosteneinsparungen bzw. einer ausschließlich kennzahlenbasierten Erfolgsmessung ist bei der starken Mitarbeiterorientierung dieser Maßnahmen und mit den damit verbundenen Zeiträumen zu bezweifeln. Erschwerend kommt die mangelnde Referenz hinzu, wobei es in der Veränderung von komplexen sozio-ökonomischen Gebilden kaum möglich ist, eine vergleichbare „Stichprobe" mit und eine „Stichprobe" ohne Management des Wandels im Ausmaß und in der Art und Weise der Veränderung objektiv zu vergleichen. Eine ungenaue, aber ansatzweise in diese Richtung gehende betriebs- oder bereichsspezifische Betrachtung zeigt sehr unterschiedliche, aber insgesamt ebenfalls eher unbefriedigende Ergebnisse:

---

[70] Burnes 2004
[71] Al-Ani, Gattermeyer (Hrsg.) 2001

Speziell in Bezug auf Projekte des „Total Quality Management“, das als Unterkategorie des Change Management gilt, berichten Emery et al. von einer Studie der Unternehmensberatung Wyatt, die ergeben hat, dass nur 41% der 361 Betriebe, die ein „Total Quality Management“-Programm gestartet hatten, das Programm als wirksam bezeichneten.[72]

Nach einer Studie von Boonstra über Change Management-Projekte im Personalentwicklungsbereich[73] bleibt die Mehrzahl der Projekte deutlich hinter den Zielen der Auftraggeber zurück. Greif et al. haben in ihrer Studie die Angaben von mehr als 300 Praxisexperten aus sieben Ländern, darunter auch aus Deutschland, über die größten Misserfolge ausgewertet und folgendes festgestellt:

> **In allen drei von ihnen berücksichtigten Bereichen, der Personalentwicklung, der Reorganisation und dem „Total Quality Management“, wurden etwa drei Viertel der Projekte als weniger erfolgreich bewertet.[74]**

Es scheint für die Beurteilung des Erfolges von Change Management-Projekten also tatsächlich wichtig zu sein, verschiedene Arten von Projekten zu unterscheiden. Wie dieselbe Studie zeigt, macht es auch einen Unterschied für die Erfolgseinschätzung, wen man fragt: Projektleiter und Unternehmensberater, die als externe „Change Agents“ in den Projekten auftreten, neigen dazu, Projekte unabhängig von der Art des Projektes als erfolgreicher einzuschätzen als Geschäftsführer und Mitarbeiter.[75] Das ist einerseits menschlich verständlich, denn niemand will seine eigene Tätigkeit als misslungen dokumentieren. Doch andererseits sind die Betrachtungsweisen externer „Change Agents“ über den Grad des Erfolgs einer Change Management Maßnahme aus genau diesem Grunde wissenschaftlich betrachtet wenig aussagekräftig.

Insgesamt muss also festgestellt werden, dass Change Management-Projekte nur eingeschränkt erfolgreich sind und die Erfolgsquote dieser Projekte in keinem Verhältnis steht zu den Erwartungen und Hoffnungen, die die Organisationsleitung (und vielleicht auch Mitarbeiter) mit Change Management verbinden bzw. die Unternehmensberater bei Führungskräften wecken. Bekräftigt wird das zudem in den Bereichen des "drastischeren Wandels", also revolutionärer, meist extern aufgezwungener Veränderungen, mit großem "Delta" zwischen Soll und Ist, auf die nun möglichst sorgsam und aktiv reagiert werden muss. So schreibt die NZZ zum Beispiel, dass zwei Drittel aller Mergers and Acquisitions

---

[72] Emery et al. 1996
[73] Greif et al. 2001: 1
[74] Greif et al. 2001: 8
[75] Greif et al. 2001: 9

negative Folgen[76] für die beteiligten Unternehmen haben[77]. Das Schlagwort vom „Stillstand im Wandel“[78], mit dem Wüthrich et al. das Change Management charakterisieren, scheint insofern angebracht zu sein. Betrachtet man die wenigen vorliegenden Studien, die versuchen, den Erfolg von Change Management-Projekten zu erfassen, fällt auf, dass sie gewöhnlich mit einer sehr einfachen Methodologie arbeiten, die weit hinter dem Standard der Evaluationsforschung zurückbleibt; denn meist gehen die Befragungen nicht über einfache und direkten Fragen nach den Einschätzungen von Geschäftsführern oder Mitarbeitern von Organisationen in leitenden Positionen hinaus. Befragungen von Mitarbeitern auf betrieblicher Ebene, den Anwendern, sozusagen, finden in der Regel ebenso wenig statt wie Erfolgsmessungen unabhängig von Befragungen, z.B. durch teilnehmende Beobachter oder Dokumentenanalysen.

3.4 Ursachen des mangelnden Erfolges und Kritik des Change Management

Auf der Suche nach den Ursachen des mangelnden Erfolges von Change Management-Projekten kann man entweder eine prozessimmanente Betrachtung anstellen und Fehler bei der Formulierung der Veränderungsziele, sofern konkrete Ziele formuliert wurden, oder bei der Gestaltung des Veränderungsprozesses suchen, oder man kann die Ursache für den mangelnden Erfolg des Change Management in den möglicherweise unrealistischen Voraussetzungen bzw. Annahmen suchen, die es macht. Ebenso ist hier über die Eignung und Befähigung der eingesetzten „Change Agents“ zu diskutieren.

3.4.1 Die Prozessimmanente Betrachtungsweise

Die Liste der Faktoren, die in diesem Zusammenhang angegeben werden können, ist so lang wie diejenige der Punkte, an denen Intervention ansetzen kann. Im Rahmen des vorliegenden Textes kann nur auf die Faktoren eingegangen werden, die in der Literatur am häufigsten als Probleme bei der Umsetzung von Change Management-Projekten oder als Ursachen für ihr Scheitern genannt werden und Beispiele aus eigener Erfahrung und

[76] Hier ist allerdings zu fragen, ob ein "Wertverlust" in allen Fällen mit dem Scheitern einer Change Management Maßnahme gleichzusetzen ist. Doch kann bei einer gedanklichen Trennung von Ursache (eine Fehlentwicklung, nicht begleiteter Wandel) und Wirkung (Absacken der Marktkapitalisierung) grundsätzlich davon ausgegangen werden. Weiteres dazu später im Text.

[77] Vgl.: http://www.nzz.ch/finanzen/nachrichten/jetzt_firmen_kaufen_1.742938.html

[78] Wüthrich et al. 2002

Recherche heranziehen.[79] Sie können auf der Ebene der Individuen, auf der Gruppenebene oder auf der strukturellen Ebene liegen. Auf der Ebene der Individuen kann mangelnder Erfolg dadurch erklärt werden, dass es nicht gelungen ist, die Mitarbeiter von der Notwendigkeit oder vom Nutzen von Veränderungen zu überzeugen, dass sie aufgrund mangelnder Phantasie oder Kompetenz nicht im Stande waren, alternative Verhaltensweisen zu entwickeln; ebenso ist es möglich, dass die beauftragten Change Manager nicht fähig waren, die Mitarbeiter oder gar das eigene Top Management zu überzeugen. Hierbei ist auch die Frage interessant, wo und wie die entsprechenden Change Manager ausgewählt und qualifiziert wurden und welche Unterstützung durch die Geschäftsführung bestand u.Ä.m.

In der Literatur wird insbesondere der Widerstand auf Seiten der Mitarbeiter gegen Veränderungsprozesse als Problem benannt und diskutiert. Widerstand gegen organisatorische Veränderung kann sich als diffuse Ablehnung, kaum nachvollziehbare Bedenken oder als Sich-Entziehen bzw. passives Verhalten äußern.[80]

Widerstand gegen Veränderungen kann in der Persönlichkeitsstruktur angelegt sein; aber meist wird davon ausgegangen, dass Veränderungen als solche mit der Unkontrollierbarkeit der Situation oder der Unabschätzbarkeit der persönlichen Konsequenzen verbunden sind, so dass Veränderungen als solche und weitgehend unabhängig von der Persönlichkeitsstruktur als bedrohlich oder zumindest als verunsichernd empfunden werden.[81] Darum müssen Widerstände von Anfang an mit eingeplant und in die Interventionsstrategien mit einbezogen werden.[82]

Wenn es nicht gelingt, die Ursachen von Widerstand festzustellen oder auf diese angemessen zu reagieren, insbesondere durch Einbeziehung der sich Widersetzenden, ist das Projekt zum Scheitern verurteilt. Oftmals werden die Alternativen, wie der Austausch, die Versetzung, oder die Freisetzung der betreffenden Mitarbeiter nicht konsequent wahrgenommen und umgesetzt. Auf der Gruppenebene können gescheiterte Kommunikation oder Kooperation für mangelnden Erfolg eines Change Management-Projektes verantwortlich sein bzw. gemacht werden, was in vielen Fällen zutrifft.

[79] Zusammen gefasst handelt es sich hier um etwa 32 Unternehmen eigener Erfahrung (Anstellungsverhältnisse, sowie Auftragsnahmen als Unternehmensberater), sowie etwa 55 Gespräche mit Mitarbeitern diverser Organisationen, aus sämtlichen Ebenen, die nicht genannt werden wollen; genauere Angaben liegen dem Verfasser vor.
[80] Vgl. Doppler / Lauterburg 2002: 323
[81] Frei et al. 1996
[82] Stutz 1991

Kommunikations- und Kooperationsprozesse sind allerdings nicht unabhängig von der Führungsebene und von der strukturellen Ebene, denn ein hoher Zentralisierungsgrad führt häufig dazu, dass Informationskanäle abgeschnitten werden. Wenn es stimmt, dass veränderungsförderliche Kommunikation[83] nicht nur auf dem Instanzen- oder Dienstweg stattfinden darf, weil dieser Weg dazu geeignet ist, bestehende Herrschaftsstrukturen zu stabilisieren, aber nicht dazu, Veränderungen zu fördern[84], befinden sich Interventionsstrategien des „Change Management" in einem Dilemma. Denn auch die alternativen Kommunikationswege, die sie zu etablieren versuchen, können von den Mitarbeitern als vorgegeben oder ihnen aufoktroyiert empfunden werden, also als neuer Dienstweg. Es ist plausibel anzunehmen, dass dieses Problem besonders dann auftritt, wenn als Veränderungsstrategie eine Top-Down-Strategie gewählt wird, und diese Strategie dürfte nach wie vor die im Change Management am häufigsten eingesetzte sein.

Diese Beispiele mögen ausreichen, um aufzuzeigen, wie mangelnder Erfolg von „Change Management"-Projekten auf Probleme zurückgeführt werden kann, die im Gegenstand, d.h. dem Veränderungsprozess selbst liegen. Liegt in der Organisationsentwicklung, respektive dem Change Management, der Mensch im Fokus, muss die Veränderung auf die Arbeit und die Veränderung in den Verhaltensweisen des Menschen ausgerichtet sein. Die Betrachtung des eigentlichen Gegenstands, des zu „Managenden" (des Menschen) als Hindernis für den Wandel ist eine unlogische Fehlbetrachtung.

Ein Wandel, ein Change Management, am Menschen vorbei ist demnach weder Change Management noch Organisationsentwicklung im eigentlichen Sinne und führt mit größter Wahrscheinlichkeit zum Misserfolg.

Doch wenn, im Allgemeinen, Probleme bekannt sind und in der Literatur hinreichend Hinweise darauf zu finden sind, wie sie vermieden werden können oder wie mit ihnen umgegangen werden kann, heißt dies noch lange nicht, dass sie in der Praxis vermieden oder gelöst werden (können). Wie gut es gelungen ist, diese Probleme nachhaltig zu lösen, ist letztlich immer eine Frage, die ex post, also nach Abschluss des Projektes beantwortet werden kann. Wie oben bereits gezeigt wurde, ist die Antwort aber nicht unabhängig

[83] Wichtig hierbei: "Kommunikation" ist nicht nur die reine "Informationsweitergabe". Ein weitläufiger Irrglaube und schwerwiegender Fehler im Management ist, dass der Belegschaft nichts gesagt werden könne, wenn keine Informationen weiter zu geben seien. Doch Kommunikation, sich kümmern und wertschätzen, nicht zuletzt Ängste beseitigen, geht a) über Informationsweitergabe hinaus und b) ohne Information. Bzw.: "Es gibt nichts Neues, aber es ist geplant... / stand ist..." ist eine wertvolle Information für sich.

[84] Gebert & Rosenstiel 1996: 141

davon, wen man fragt. Es mag in diesem Zusammenhang auch aufschlussreich sein, dass die Bedeutung der eigenen Person für den Erfolg des Projektes sowohl von den Unternehmensberatern als auch von den organisationsinternen Projektleitern und Personalvertretern in erfolgreichen Projekten als sehr hoch eingeschätzt wird, während in erfolglosen Projekten keine dieser Gruppen die eigene Wichtigkeit besonders betont[85]. Denn dies verweist auf eine eingeschränkte Reflexion der eigenen Rolle bei der Lösung oder eben Nicht-Lösung von Problemen, weist auf eine verzerrte Objektivität des Beurteilenden hin und stellt eine ohnehin schon wenig objektive Erfolgsbetrachtung noch mehr in Frage.

3.4.2 Hyperrationalistische Voraussetzungen des Change Management als Ursachen für den mangelnden Erfolg.

Einige Autoren sind der Auffassung, dass Change Management nicht funktionieren kann, so lange es Voraussetzungen im Sinne von Annahmen macht, die unrealistisch sind, allen voran diejenige, nach der Veränderungsprozesse plan- und steuerbar sind.

Nach der im Change Management vorherrschenden Vorstellung wird eine komplexe Organisation vereinfachend als eine „triviale Maschine" im Sinne Heinz von Foerster betrachtet, die den gewünschten Output produziert, wenn der richtige Input eingegeben wird: „Da die Beziehung zwischen Input (Stimulus/Ursache) und dem Output (Reaktion/Wirkung) ein für alle Mal festgelegt ist, handelt es sich dabei um ein deterministisches System; und da ein einmal beobachteter Output für einen bestimmten Input, für den gleichen Input zu späterer Zeit ebenfalls gleich sein wird, handelt es sich dabei auch um ein vorhersagbares System".[86]

Dass dem nicht oder nur in eingeschränktem Maß so ist, ist kein neuer Gedanke in den Sozialwissenschaften. So hat bereits Friedrich August von Hayek von sich selbst organisierenden Kräften gesprochen, die eine spontane Ordnung erzeugen, wobei diese spontane Ordnung immer auf Regelmäßigkeiten im Verhalten der Elemente rückschließen lässt, die sich jedoch mit der Zeit und ungeplant herausgebildet haben.[87] In der Systemtheorie wird davon ausgegangen, dass Organisationen als soziale Systeme ein hohes Maß an Eigendynamik aufweisen, die sich der genauen Analyse und der Beeinflussung von außen entzieht. Dementsprechend verändern sich Organisationen permanent und

[85] Greif et al. 2001: 11
[86] Von Foerster 1993: 206-207
[87] Von Hayek 1969: 172

(auch) ohne Zutun von „Change Agents", und zwar meist auf eine Weise, die nicht vorhergesehen wurde, und manchmal auf eine Weise, die unerwünscht ist. Wer sich den Strukturen in Organisationen widmet, aber nicht den täglichen Operationen in der Organisation, für den bleiben die tatsächlichen Funktionen in der Organisation eine „black box", in die er aus Unkenntnis nicht (in der beabsichtigten Weise) eingreifen kann, und alle täglichen Funktionen und Operationen zu kennen, würde bedeuten, dass man in alle involviert ist, was wiederum ein Ding der Unmöglichkeit ist.[88]

Anzunehmen, dass Veränderungsprozesse jederzeit plan- und steuerbar sind, ist aber auch aus einem anderen Grund zu bezweifeln: weil es, wenn überhaupt, dann nur in seltenen Fällen eine einheitliche Interessenlage und damit keine den einzelnen Teilsystemen innerhalb des Gesamtsystems „Organisation" übergeordneten Ziele gibt. Aus systemtheoretischer Sicht sind einzelne Teile der Organisation auf verschiedene Umwelten und nicht eine einzige einheitliche Umwelt bezogen, so dass die verschiedenen Teilsysteme auf unterschiedliche Umweltanforderungen reagieren müssen (oder umgekehrt: verschiedene spezialisierte Teilsysteme werden ausgebildet, damit die Organisation überhaupt auf die unterschiedlichen Umweltanforderungen reagieren kann). Damit ist aber eine Ausrichtung der Organisation auf ein ganz bestimmtes Ziel hin, das als übergeordnet akzeptiert wird, äußerst unwahrscheinlich.[89] Dabei kann die Organisation anhand von „Mission", „Vision" etc. durchaus konkret bestimmte Ziele haben, was aber für jeden einzelnen Mitarbeiter und seine individuelle Motivation eindeutig nicht der Fall sein wird.

Ein „Management by Objectives" erscheint vor diesem Hintergrund als unrealistisch. Ebenso unwahrscheinlich ist es, dass systemimmanente Widersprüche und Konflikte durch Offenlegung und Diskussion der konfligierenden Interessen, wie sie das Change Management vorsieht, aufgelöst werden können.

Unabhängig von der Frage, ob es übergeordnete Interessen oder Ziele in Organisationen gibt oder geben kann, die einen wünschenswerten Zielstand vorgeben, geht man beim Change Management davon aus, dass Entscheidungen rational in dem Sinn getroffen werden, dass Vor- und Nachteile bzw. Kosten und Nutzen von Handlungsalternativen gegeneinander abgewogen werden und dann die Alternative mit dem größten Nettonutzen ausgewählt würde. Dies unterstellt Hyperrationalität bei der Entscheidung, die es nachgewiesenermaßen nicht gibt. Cohen hat gegen dieses hyperrationale Entscheidungsmodell

---

[88] Luhmann 1997: 283
[89] Luhmann 1994: 196, Tacke 1997: 12

mehrere Einwände erhoben, so z.B. dass die Mitglieder in den Entscheidungsgremien wechseln und daher bestimmte Dinge wiederholt diskutiert werden müssen, und währenddessen können sich die Präferenzen der Entscheider verändern bzw. sie können sich auch erst im Verlauf des Entscheidungsprozesses über ihre Präferenzen klar werden, so dass Entscheidungen situativ getroffen werden[90]. Dementsprechend beschreibt der Autor tatsächliche Entscheidungsprozesse als organisierte Anarchie. Darüber hinaus hat die Forschung gezeigt, dass Menschen nicht allein aufgrund von Kosten-Nutzen-Kalkülen entscheiden, sondern sich bestimmter Heuristiken bedienen, die den Entscheidungsprozess vereinfachen.[91] Wenn „Change Agents" am hyperrationalistischen Modell von Entscheidungsprozessen festhalten, so unterliegen sie einer Kontrollillusion, die darin besteht, dass die Kausalität, die durch das Entscheidungsmodell hergestellt wird und das seinerseits von der Geschäftsführung oder Managern auf verschiedenen hierarchischen Positionen vorgegeben wird, als alleinige Ursache der Wirkungen betrachtet wird, die in der Organisation beobachtet werden.[92]

Die im Change Management vorherrschende Sicht auf Organisations-Strukturen und Entscheidungsprozesse kann insgesamt gesehen also als hyperrationalistisch charakterisiert werden, wodurch „alles Irrationale, Problematisch, Fehlerhafte … abgedunkelt" wird.[93] Aus einer systemtheoretischen Sicht heraus erscheinen die Ursachen, die „Change Manager" selbst für den mangelnden Erfolg ihrer Projekte anführen, als Immunisierungsstrategien, anhand derer sie sich gegen den Verdacht wehren wollen, ihre Instrumente seien schlicht unwirksam oder verfehlt. Wenn z.B. eingeräumt würde, dass es nicht gelungen sei, die Mitarbeiter hinreichend von der Notwendigkeit von Veränderungen zu überzeugen und sie für neue Verfahrensweise zu motivieren, so könnte man dies als Personalisierung von Problemen auffassen, die im Beratungsprozess und damit bei den Beratern selbst liegen.

---

[90] Cohen et al. 1990
[91] Gigerenzer & Goldstein 1996, Kahneman, Slovic & Tversky 1982
[92] Luhmann 2000: 23-24
[93] Vgl. Kühl 1999: 78

3.5 Praxisansätze für Organisationsentwicklung und Change Management

Prinzipiell entwickelt sich Organisationskultur selbsttätig, ist aber in ihrer Entwicklung steuerbar, wenn Prozessen Ziele zugeordnet werden. Auf diese Weise erhöht sich die Wahrscheinlichkeit, dass diese definierten Ziele und verfolgten Strategien umgesetzt werden können und damit eine bewusste Gestaltung der Kulturenentwicklung möglicher wird bzw. erreicht wird. Notwendig sind hierfür kritische Betrachtungen und eine Reflexion der Werte und Einstellungen zur Handlungsweise oder Organisation. Weiterhin ist eine Konfrontation mit bisherigen sowie zukünftigen Werten und Erfolgen erforderlich. Wissen, Normen und Werte sind in einer Organisationskultur stark verwurzelt, sie zeigen sich im Alltag durch die Art zu reden, dem charakteristischen Sprachgebrauch und grundlegendem Handeln, gleichzeitig auch in schriftlichen Dokumenten. Werden nun neue kollektive Werte gefordert, muss dieses über die Auseinandersetzung mit zentralen Werten der Organisation in Zusammenspiel mit Erfahrungswerten zur Bewältigung aktueller Konflikte geschehen. Das bedeutet gleichermaßen die Schaffung einer Verhandlungsebene, auf der verschiedene Bestandteile und divergierendes Orientierungswissen ausgetauscht werden können, um sich letztendlich sinnvoll zu ergänzen.

Solche Aushandlungsprozesse beinhalten die Option für neue Orientierung, die Betrachtungsmöglichkeit von Entwicklungspotentialen und Lernfelder für die neu gestaltete Organisation. Erfahrungen im Verlauf des Veränderungsprozesses wirken in sich bereits Kultur prägend, und zwar mehr als Seminare oder Aufforderungen zur Änderung der Organisationskultur je bewirken könnten. Form und Verbindlichkeit der Aushandlungsprozesse zeigen bereits, inwieweit eine Organisation zukünftig mit wichtigen Anliegen umgehen wird.[94] Der Change Management Ansatz hat seinen Ursprung in der Psychologie, fokussiert damit den Menschen für eine optimierte Übereinstimmung von organisatorischen, technischen und vornehmlich psychologischen Aspekten von Veränderungsprozessen. Mit einbezogen sind alle Beteiligten, seien es Mitarbeiter, Anwender, sonstige Stakeholder oder Führungskräfte der Organisation. Change Management ist als organisierte und systematische Vorgehensweise zu verstehen, die Wissen, Methoden sowie bestehende Ressourcen ganzheitlich anwendet, um damit die

[94] Vgl. Hug 1999: 1-3

Einbringung neuer Lösungen zu erleichtern. Die Betonung des Faktors „Mensch" muss dabei immer wieder erwähnt werden, was sich in den konkreten Handlungsfeldern widerspiegelt. Eigner nennt hierfür folgende Strategie:[95]

- Feststellung des Personenkreises mit indirektem oder direktem Einfluss auf die Implementierung. Entwicklung von zielgruppengemäßen (Kommunikations-) Strategien zur Einbindung in das Projekt (Stakeholder Analyse)
- Gezielte Informations- und Kommunikationspolitik zum Projekt gemäß den Zielgruppen (Kommunikationskonzept)
- Erarbeitung einer Nutzenargumentation bezüglich des Systems (Kommunikationskonzept)
- Bereitstellung von Informations- und Kommunikationsmedien (wie z.B. Intranet, Newsletter, Mitarbeiterinformationsveranstaltungen)
- Training zum System selbst bzw. zu sich verändernden Tätigkeiten (Trainingskonzept)
- Weitestgehende Einbindung von „Schlüssel"- Mitarbeitern als Multiplikatoren oder so genannten Change Agents

Um potentiellen Gerüchten und Mutmaßungen zu Informationsdefiziten entgegenzuwirken, müssen flankierende Maßnahmen zur initialen Projektplanung und weiterführende Kommunikationsplanungen erfolgen. Vorgaben hierfür sind nach Eigner, dass je fortgeschrittener ein Projekt ist, umso spezifischer die Informationen sein müssen. D.h. mit Beginn erfolgen zunächst allgemeine Informationen zur Zielsetzung, Begründung des Projektes an sich, zu der Planung, dem Vorgehen und Folgeschritten. Demnach würden erst zuletzt Informationen zum Einsatz des Systems und entsprechenden Veränderungen im Arbeitsumfeld sowie auch zum Nutzen für den jeweiligen Anwender gegeben werden. Dies steht im krassen Gegensatz zur Notwendigkeit, den geplanten Wandel unter Einbeziehung der betroffenen Mitarbeiter zu gestalten. Hilfreich sind bei der Informationsweitergabe im Unternehmen übliche Medien, ohne dabei die Mitarbeiter zu überfluten.[96] Zu viele Informationen für Mitarbeiter werden i.d.R. überhaupt nicht mehr von diesen wahrgenommen bzw. gelesen.

---

[95] Vgl. Eigner 2006

[96] Vgl. ebenda

3.6 Change Agents

Change Agents sind im weiteren Sinne alle Mitglieder einer zu verändernden Organisation, wenn sie in irgendeiner Weise an den Veränderungsprozessen beteiligt oder davon betroffen sind. Change Agents im engeren Sinne sind interne oder externe Berater der Organisation, die den Wandlungsprozess durch professionelle Hilfe unterstützen. Der Typus der 60er Jahre des 20. Jahrhunderts wurde durch den „Externen Agenten" gebildet. Hier galt der Change Agent als spezifischer Berater mit besonderen Fachkenntnissen, wie z.B. Professoren. In den 1970er Jahren bildeten sich „Interne Agenten" im Bereich der Personalabteilungen heraus. Die Kategorien interner Change Agents sind nach Ottaway[97] wie folgt definiert:

- Change Generators
    - Demonstrators, Patrons, Defenders
- Change Implementors
- Change Adopters
    - Early Adopters
    - Maintainers
    - Users

Aufgabenfeld der Berater im Sinne von Change Agents sind die Funktionen als Katalysator und Multiplikator mit dem Ziel, den Wandel möglichst weitläufig zu mobilisieren, dann als Lösungsgeber mit dem Angebot von Vorstellungen, wie ein solcher Wandel ablaufen soll, weiterhin als Prozesshelfer, im Sinne der Unterstützung zur Durchführung von Problemlösungen und letztendlich als Ressourcenkoordinator, der die Koordinierung von Bedürfnissen und Mitteln übernimmt.

Als Vorteile externer Berater erweist sich eine Problemdistanz mit daraus sich ergebender Objektivität bei gleichzeitig vorhandener Erfahrung und grundlegender Unabhängigkeit. Als Vorteile der internen Berater kristallisieren sich heraus: die Aspekte der Hilfe für überlastete Manager, die meist vorhandenen intimen Kenntnisse der Organisation, eine größere Nähe zum Unternehmen im Sinne von weniger Misstrauen, was ihm entgegengebracht wird und dann die in der Regel deutlich geringeren Kosten. Als Risiken der Change Agents zeigen sich die Komponenten Widerstand, Frustration, Einsamkeit und

[97] Vgl. Univ. Regensburg, Fb. Wirtschaftswissenschaften 2004

auch Schuldgefühle, während sich als Chancen die allgemeinen Herausforderungen der Tätigkeit, die Teamarbeit an sich, die persönliche Weiterentwicklung und die Befriedigung bezüglich erfolgreichen Vorgehens darstellen.[98] Das Heranziehen eines externen Beraters gibt der Aufgabenbewältigung einen wissenschaftlichen Touch. Außerdem ist eine externer Berater als „Cover", nicht zu unterschätzen: also als Sicherheit, um nicht erfolgreiche Änderungsprojekte nicht selbst verantworten zu müssen, da ein „anerkanntes Beratungsunternehmen" diese empfohlen hat. Andererseits gibt es den Nachteil, dass eine objektive Erfolgsbewertung mit externen Beratern erschwert wird, da ein schlechter Projektabschluss sich u.U. auf deren "Geldbeutel" auswirken könnte (s.o.)[99]

3.7 Anknüpfungspunkt im Management des Wandels

Eine langfristige Strukturtransformation betrifft in der Regel alle oder zumindest den größten Teil einer Organisation zuerst durch seine strategische Wichtigkeit, dann bezüglich des Umfangs, der Modifizierung des Status Quo, wie auch der Gesamtdauer. Änderungsprogramme können Monate, aber auch Jahre benötigen, was aber nicht als Garant für den Erfolg zu werten ist, der nur dann eintreten kann, wenn die Änderungen dem Niveau des individuellen Angestellten entsprechen, oder aber, falls notwendig, die Angestellten an das Niveau der Änderungen angepasst werden. Ausgangsfrage für Führungskräfte ist daher, wie die Belegschaft reagieren wird, damit das Erreichen von Zusammenarbeit und der gemeinsame Wandel unter Beibehaltung der individuellen Unternehmenswerte und seiner Identität vollzogen werden können. Das bedeutet die Schaffung einer Kultur des Engagements und der Performance. Es gibt keine übergreifende Methodik, die bei jedem Unternehmen anwendbar ist, aber es existiert eine Reihe von Methoden, Werkzeugen und Techniken, die an die Vielfalt der Situation anpassbar sind.

3.8 Umsetzungsmöglichkeiten

Booz/ Allen / Hamilton[100] bezeichnen ihre Prinzipien als ein systematisches, holistisches Fachwerk, das Managern verstehen hilft was zu erwarten ist, wie eigene bzw. persönliche Änderungen durchgeführt werden können und inwieweit die gesamte Organisation dem

[98] ebenda
[99] Bzw. Referenz, Weiterbeauftragung, Weiterempfehlung u.Ä.
[100] Vgl. Booz/ Allen/ Hamilton 2004

Prozess verpflichtet ist. Zehn Richtlinien gibt das Beratungsunternehmen vor, die als Richtlinien des Transformationsprozesses zu verstehen sind:

I. Einrichtung einer systematischen Vorgehensweise betreffend die menschliche Seite der Änderung.

II. Jede Transformation von größerer Bedeutung wird für die betroffenen Menschen Probleme schaffen. Führungskräfte werden vermehrt eingesetzt, Jobs werden geändert, neue Sachkenntnisse und Fähigkeiten müssen entwickelt werden und manche Betroffene werden verunsichert sein, sich gegebenenfalls widersetzen. Das (sich) Befassen mit diesen Problemen auf einer reaktiven Fall-zu-Fall Basis verlangt ein zügiges Handeln, da hier ein großes Gefahrenpotential liegt. Die disziplinierte Annäherung an eine Änderungsverwaltung bildet eine der vier Säulen der Transformationsannäherung.

III. Eine solche Annäherung an die Transformation fordert umfassende Datenerfassung, Analyse, Planung und auch Durchführungsdisziplin, da es sich um eine Umgestaltung der Strategie, der Systeme und der einzelnen Prozesse handelt. Daher muss das Informieren wie auch die Umsetzung der neuen strategischen Richtung völlig in das Änderungsprogramm integriert werden. Die Planung der Vorgänge macht nicht den Wert aus; dieser wird allein durch die fortlaufenden, gesammelten Handlungen von Angestellten erzielt, die für das Entwerfen, die Durchführung und das Leben dieser Änderung verantwortlich sind. Dieser eminent wichtige Fakt wird noch heute oft als zweitrangig angesehen.

Änderungen beginnen „oben" mit dem Tag eins. Sie sind für alle Betroffenen aller Niveaus einer Organisation von Natur aus beunruhigend. Daher werden sich Mitarbeiter an die Führungskräfte wenden, um Kraft, Unterstützung und Richtungsvorgaben zu erhalten. Daher muss auch die Führung sich zuerst ändern, um die übrige „Einrichtung" herauszufordern und zu motivieren, gewünschtes Verhalten zu modellieren, im Gegenzug aber auch, um den Anfragen und Problemstellungen durch die Untergebenen standhalten zu können. Zur gleichen Zeit absolvieren auch die Mitglieder der Exekutivmannschaft ihre persönlichen Änderungen, bei denen sie Unterstützung benötigen, sodass es folgend zu einer Übereinstimmung kommen kann.

Die „echte" Änderung geschieht allerdings am Boden. Damit Transformationsprogramme per Einstellung der Strategie/ Ziele das entsprechende Design erreichen die Durchführung somit fortschreiten kann, zielen sie auf die verschiedenen aus der Organisation. Änderungsanstrengungen müssen ebenfalls Pläne chließen, entsprechende Führungskräfte zu identifizieren und damit die Verantwortlichkeit für Designs und die Durchführung koordinieren.

IV. Strategie- und Zieleinstellung unterliegen gewöhnlich der Verantwortung der Führungsmannschaft und deren direkter Berichterstattung. Die Durchführung beruht auf den Aktivitäten der Bereichsleiter und der individuell Mitwirkenden. Es muss also einerseits eine Identifizierung der entsprechenden Führungskräfte mit der Unternehmensvision und den Projektzielen stattfinden. Andererseits müssen die betreffenden Führungskräfte von vornherein kongruent zu Vision, Zielen und Strategie ausgebildet und eingestellt werden.

Dieses fordert Realismus und den stabilen Glauben an die Vision, die den Mitarbeitern vermittelt werden muss. Mitarbeiter hinterfragen die Notwendigkeit von Änderung und auch die Strategie, mit der das Unternehmen in die richtige Richtung geführt werden soll. Es wird so geprüft, ob eine persönliche Verpflichtung dazu besteht, eine Änderung vorzunehmen und auch zu akzeptieren. Die Artikulation der Begründung erhält daher einen besonders hohen Wert.

V. Große Änderungsprogramme verlangen eine verteilte Führung, die breiten Einfluss über Entscheidungen hat, sichtbar als auch unsichtbar für die früheren Teams. Änderungsführer müssen während der Transformation akribisch auf den Gewinn der kritischen Menge von Interessenten / Befürwortern für die Änderung ausgerichtet sein. Anreizsysteme (wie finanzielle Belohnung) und psychologische Komponenten wie Kameradschaft oder Sinn des geteilten Schicksals verstärken generell die Bereitschaft. Änderungsprogramme verstärken Kerninformationen durch den regelmäßigen, rechtzeitigen Rat, Kommunikation solle nach außen gerichtet, aber auch intern und als Inbound aktiv sein.

VI. Änderungsprogramme gelangen häufig in eine Überkommunikation durch vielfach überflüssige Kanäle. Kommunikation muss daher festgelegt, koordiniert, konsequent und **persönlich** durchgeführt werden.

VII. Firmenkultur ist ein Mix von Komponenten, von geschichtlichen Aspekten, von definierten Werten und Glauben sowie von eigenen Einstellungen und Handlungsweisen. Änderungsprogramme verlangen häufig eine Berichtigung dieser Werte.

Erfolgreiche Änderungsprogramme nehmen an Geschwindigkeit und Intensität zu. Ein häufiger Fehler ist die zu geringe oder fehlende Bewertung der Kultur. Mit einer differenzierten kulturellen Diagnostik lässt sich organisatorische Bereitschaft bewerten. Zusätzlich werden Hauptprobleme an die Oberfläche gebracht, kulturelle Faktoren identifiziert, die unterstützend oder aber hemmend wirken, sowie Quellen der Führung und des Widerstands betrachtet. Identifiziert werden die Kernwerte, der Glaube, die Handlungsweisen und die Wahrnehmungen, die für die erfolgreiche Änderung in Betracht gezogen werden müssen. Dazu gehört auch der Entwurf neuer korporativer Visionen mit entsprechender Infrastruktur und den dazu passenden Programmen.

VIII. Änderungsprogramme beinhalten selber Veränderungen, kaum ein Vorgang entspricht seinen genauen Vorgaben zu 100%. Es muss hier bedacht werden, dass Mitarbeiter auf unerwartete Weisen reagieren. Befürchteter Widerstand kann ausbleiben, wobei die Umgebung in stetiger Bewegung bleibt. Damit wird eine permanente Neubewertung des Einflusses von Änderungsbemühungen und der Organisation an sich notwendig. Entscheidend bleibt die Bereitwilligkeit und Fähigkeit, Transformationen in ihrem gesamten Verlauf anzunehmen. Unternehmenskultur muss ebenso differenziert ausgerichtet werden wie jeder andere Bereich des Unternehmens. Das bedeutet, dass eine Basis entwickelt werden muss, die kulturell, organisatorisch und gleichermaßen diagnostisch vorgeht und eine ausführliche Ergebnisdefinition der gewünschten Kultur und der dazugehörigen Planungen beinhaltet. Mit einer definierten Vision der gewünschten Kultur kann dann die aktuelle Kultur bewertet und bestehende Divergenzen überbrückt werden. Hier gilt es Strategien zu identifizieren, die eine Entwicklung einer neuen Kultur beschleunigen. Handlungsweisen lassen sich sozialisieren, modellieren und auch „belohnen". Das Aufgreifen des kulturellen Kernpunktes einer Organisation beinhaltet die Betrachtung der Gedanken, der Tätigkeiten, der gegenseitigen Einflüsse und persönlichen Identifizierung, was als wichtige Starthilfe einer Kulturänderung zu bewerten ist. Die kulturelle Landschaft muss also frühzeitig betrachtet werden, um erfolgreiche Änderungsprogramme zügig und mit notwendiger Intensität durchzuführen.

IX. Kommunikation ist das Mittel der Wahl. Änderungen sind sehr persönliche Geschehnisse, die den Einzelnen betreffen wie auch die Organisation als Ganzes. Mitarbeiter müssen darüber informiert werden, wie sich ihre Arbeit ändern wird, was von ihnen im und nach dem Änderungsprogramm erwartet wird, wie und woran sie gemessen werden, was den jeweiligen Erfolg oder Misserfolg ausmacht und welche Konsequenzen sich daraus ergeben. Authentizität und Ausführlichkeit werden von Mitarbeitern beobachtet, sie reagieren auf alle Eindrücke, die sich aus dem Umfeld der Änderungen ergeben. Mitarbeiter müssen also weitestgehend involviert und über definierte Belohnungssysteme motiviert werden, um die Bereitschaft zur Änderung zu erhöhen. Sanktionierungen wie auch das Entfernen von „Hindernissen" im personellen Bereich stärken u. U. die Aktivitäten, bringen jedoch nicht automatisch den Erfolg der Maßnahmen.

X. In der Regel erscheint es leichter, auf Pläne und Prozesse als auf die Mitarbeiterbedürfnisse näher einzugehen, da diese Ebene sich emotionaler, schwieriger und kritischer darstellt. In diesem Sinne sehen Booz / Allen / Hamilton ihre Richtlinien als Unterstützung zur Durchführung eines nachhaltig effizienten Änderungsvorganges.[101]

Um die Betrachtung der essentiellen Faktoren zur Durchführung einer Änderung noch zu vertiefen, ist es hilfreich, die Grundsätze Marvin Weisbords heranzuziehen. Für Marvin Weisbord[102] ist die Betrachtung der Würde und der Gemeinschaft ein essentieller Schritt der Erforschung wirksamer Strategien für die Verbesserung der Produktivität am Arbeitsplatz. Fallstudien in Organisationen ermöglichen ihm, Techniken zur Leistungsoptimierung, Kostensenkung, Strategieerstellung und Konfliktverwaltung zu erstellen. Die fortgeschrittene Methodik der Teamarbeit im Rahmen einer Konfliktbewältigung mit kreativen Problemlösungen bringt nur einen begrenzten Nutzen im Umgang mit einem so komplexen System wie einer Gemeinschaft. Das zugrunde liegende Ziel einer zukünftigen Suche ist es, Menschen auf eine gemeinsame Ebene zu bringen. Die Zielsetzung, einen Durchbruch zu schaffen, fordert die Umsetzung der drei wichtigsten Grundsätze Weisbords ein:

- Zuerst muss ein repräsentativer Querschnitt durch das gesamte System ausgesucht werden, damit die Vielfältigkeit einer Gruppe Interessierter/ Beteiligter gewährleistet ist.

[101] ebenda
[102] Vgl. Flower 1995

- Im zweiten Schritt geht es nicht darum Probleme oder Konflikte zu verwalten, sondern die Thematik in einen globalen Kontext mit dem Schwerpunkt der Möglichkeiten der Zukunft zu lenken.
- Im dritten Schritt sollte dies so geschehen, dass die betroffenen Menschen ihre Arbeit selbst verwalten, sodass sie die Verantwortung für das tragen können, was sie denken und tun, was sie fühlen und sagen und schließlich in wie weit sie sich einigen.

Begonnen wird mit der Zusammenstellung eines signifikanten Querschnitts der Gemeinschaft, d.h. laut Weisbord mit den Menschen mit Autorität wie auch denen, die ohne Macht sind, mit Menschen mit und ohne Ressourcen, sowie Menschen, die Fähigkeiten und das Wissen besitzen, aber diese nicht einbringen können. Weiterhin geht es um Menschen, die betroffen sind von der Fragestellung, aber keinen Ansprechpartner finden / haben und Leute, die verantwortlich sind für die Fragen und gleichzeitig unzufrieden mit dem sind, was sie bislang getan haben. Ohne Weisbord zu widersprechen, liegt es, aus heutiger Sicht allerdings, nicht außerhalb des (technisch) Möglichen, die gesamte Belegschaft, eben nicht nur einen Querschnitt, und weitere Stakeholder (z.B. Kunden, was je nach Art des Wandels sehr zu empfehlen ist) an Zielsetzung, Weg und Umsetzung zu beteiligen. So kann die zunehmende Vernetzung genutzt werden; schon eine geringe Beteiligung der Gesamtheit der Betroffenen, was wirkliche Entscheidungen angeht, kann große Auswirkungen in Akzeptanz und damit Erfolg des Change Projekts haben. Für stärkere Einbindung und Mitarbeit bleibt der Querschnitt als Ideal.

Der Beginn der Planung liegt in einem Brainstorming des Initiators der Änderung, das er/sie allein für sich durchführt. Als Fragestellung besteht, welche denkbaren Leute hinzugezogen werden sollen, die dann im Vergleich gemäß ihrer unterschiedlichen Stellung Gruppen zugeordnet werden. Benötigt wird in jedem Falle eine Planungsgruppe, die genug Verknüpfungen zu den Beteiligten hat und ausreichend Glaubwürdigkeit für die Teilnehmer einer Tagung besitzt.[103]

Weisboards weitere Ausführungen beziehen sich nun auf das Kommunikationsfeld einer Gemeinde und sind insoweit für die hier besprochenen Unternehmensbereiche nicht relevant. Zu betrachten sind jedoch die Aspekte der (allgemeinen, menschlichen) Emotionalität, welche S. Achilles-Kuhnhardt wie folgt abbildet:

---

[103] Vgl. Flower 1995

Abbildung 4: Kreislauf der menschlichen Emotionen[104]

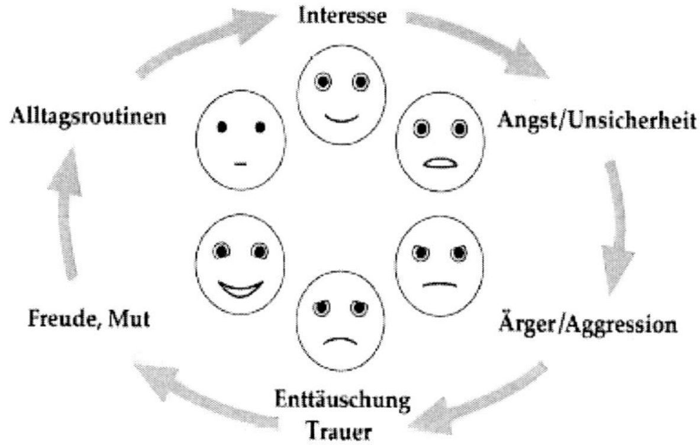

Dass diese Betrachtungen sich nicht allein auf den Vorgang einer Änderung beziehen, sondern auch auf den Aspekt der Vielschichtigkeit innerhalb einer Organisation, lässt sich über den relativ neuen Aspekt des Change Managements mit einer differenzierten Betrachtung der Diversität, der Verschiedenheit, innerhalb eines Unternehmens / einer Organisation erkennen. Die an früherer Stelle genannte Globalisierung zeigt auch hier ihren unverkennbaren Einfluss.

3.9 Trends aus den USA

Aus den USA stammt das im deutschen Umfeld noch nicht stabil etablierte Diversity Management. Es ist ein Konzept im Rahmen der amerikanischen Organisationsentwicklung, das auf die Unterschiedlichkeit von Mitarbeitern und Mitarbeiterinnen in Hinblick auf Geschlecht, Rasse, Alter etc. fokussiert, um diese Divergenzen nicht nur anzuerkennen, sondern sie auch gezielt für das Unternehmen zu nutzen. Die US-Amerikanische Beraterin für Diversity, Anita Rowe, beschreibt die Anfänge dieser Vorgehensweise so, dass sich Unternehmen in der Personalführung lediglich politisch korrekt verhalten hätten, um nicht mit Gesetzen in Konflikt zu geraten. Im Laufe der Entwicklung würden viele Firmen das gezielte Management der Belegschaftsvielfalt jedoch als eine gewinnbringende Geschäftsstrategie ansehen. Wette zitiert sie hier: „Kein Konzern kann es sich etwa leisten, bei der Entwicklung eines Familienautos, mit dem neue Kundenschichten erreicht werden sollen, auf die Kreativität und Erfahrungen einer Mutter

[104] ebenda

zu verzichten, die in dem Unternehmen selbst arbeitet.“ [105] Entsprechend den Abläufen der Organisationsentwicklung und dem strategischen Vorgehen des Change Management findet sich auch hier kein allgemeingültiges Lösungsmodell, da ein Erkennen bestehender Probleme und ihrer Ursachen der Aktivität selber häufig vorangegangen sein muss. Hierzu gehören z.B. interne Konflikte bis hin zum Verlust wichtiger, aber unzufriedener Mitarbeiter an Konkurrenzunternehmen. Grundlegend bleibt die Vorgehensweise, dass ein Unternehmen jegliche eigene Strukturen analysieren und hinterfragen muss. Die Implementierung eines Diversity Management muss von der Belegschaft getragen werden und kann nicht unreflektiert einfach eingesetzt werden.

Der ökonomische Nutzen einer solchen Verstärkung der menschlichen Komponente seitens des Managements zeigt sich zum einen durch eine positive Wirkung auf das Geschäft, zum anderen aber auch durch die Wirkung nach innen. Hierdurch erhöht sich die Zufriedenheit der Mitarbeiter und in der Folge steigert sich die Produktivität. Wette nennt hier die Lufthansa AG als eines der ersten Unternehmen, die diesen Ansatz in Kooperation mit der freien Universität Berlin übernommen haben. Demnach wird den Mitarbeitern das Gefühl vermittelt, dass sie so akzeptiert würden, wie sie sind. Mit Hilfe dieser Freiräume wird eine höhere Produktivität erzielt als es in einem Klima, in dem Beschäftigte sich ständig einem Mainstream anpassen müssen, möglich ist. Mit „Change Management und Diversity“ sei es das Ziel, Wertschöpfung durch Wertschätzung zu erreichen. Auf diese Weise macht die Lufthansa AG im Umfeld eines hart umkämpften Marktes aus einem vermeintlich weichen Thema einen handfesten Erfolgsfaktor, berichtet das Lufthansa Management.[106]

Für die Theorie des geplanten Wandels beeinflusst diese Art der Fokussierung auf die Mitarbeiterzufriedenheit und Motivation (in nachfolgender Instanz) die für eine Änderung immanenten Rahmenbedingungen und schafft neben der ohnehin bereits höheren Heterogenität und somit Flexibilität eine erweiterte Bereitschaft, sich selbst, Prozesse, Strukturen, Normen und Werte (etc.) zu verändern.

Es ist bekannt, aber es zeichnet sich immer mehr als Wettbewerbsnachteil ab, dass starre Strukturen mit fest eingesessenen Vorgängen, sehr konkreten Prozessvorgaben und starker Homogenität innerhalb der Mitarbeiterschaft eine geringere Veränderungsfähigkeit haben. Was Qualität und geringe Fehlerquoten bietet, vermindert das Lernen (gerade durch

---

[105] Wette 2006
[106] Rühl in: Wette 2006

Fehlermachen) des Individuums, sowie der Organisation und die Flexibilität, die, wie festgestellt wurde, von wachsender Bedeutung im heutigen Umfeld ist. Ein Fokus könnte also zukünftig auf die Aufgabenstellung gesetzt werden, herauszufinden, wie stark Strukturierung und Prozessorientierung stattfinden soll, bzw. wo der optimale Punkt erreicht ist, um Qualität zu ermöglichen und dennoch eine lernende und sich entwickelnde Organisation zu begünstigen.[107]

---

[107] vgl. Handelsblatt v. 27.01.2011, Nr. 19, Seite 18: "Keine Angst vor dem Fehler".

4 Wie könnte die Zukunft der Organisationsentwicklung und des Change Managements aussehen?

„Nichts ist schwieriger in die Hand zu nehmen, gefährlicher durchzuführen und im Erfolg unsicherer, als eine neue Ordnung einzuführen.

Denn wer dies versucht, hat alle die zum Feind, die sich unter den alten Bedingungen wohl gefühlt haben, und er wird von den anderen nur halbherzig unterstützt."

Machiavelli, Der Fürst

Eigner fasst Change Management als einen organisierten und systematischen Prozess zusammen, der Wissen, Methoden und Verfahren sowie die entsprechenden Ressourcen vereinigt, um die unternehmensinternen Veränderungen mittels Einführung neuer Lösungen zu unterstützen. Fokussiert wird dabei der Faktor Mensch mit der Zielsetzung, den Einführungsprozess einer Änderung zu stabilisieren und damit eine erfolgreiche Nutzung zu gewährleisten.[108]

Auch die Neuerung des Diversity Managements nimmt den roten Faden der psychologischen Komponente „Mensch" auf, um sie im ökonomischen Sinne anwenden zu können. In den USA hat die Psychologie einen weitaus größeren Einfluss auf den Wirtschaftsbereich als es in Deutschland bislang umsetzbar war bzw. als positiv i. S. v. wertsteigernd angesehen wurde. Emotionalität und ihr zugehörige menschliche Aspekte werden so aus ihrer Position von gewisser Toleranz und Akzeptanz in eine Position der strategischen Anwendung gehoben, die mit einer Stabilisierung des Einzelnen und damit einer Verschiebung der Verantwortlichkeiten verbunden ist. Diese Art von „Dezentralisierung" wirkt positiv im Sinne nachhaltiger Leistungssteigerung. Die Entwicklung der verschiedenen Systeme zum Umgang mit Wandel zeigen damit konkrete Überschneidungen. Diese bestehen zunächst in der Akzeptanz des Wandels an sich, dann in der Positivierung des Begriffes als Chance und weiterhin in der Hervorhebung des Menschen als spezifischem Potential zur Bewältigung von Risiken und neuen Wettbewerbsanforderungen.

[108] Vgl. Eigner 2006

4.1 Organisationsentwicklung und Change Management im Wandel

Die weiteren Zukunftsaussichten der Organisationsentwicklung und des Change Management sind eng verbunden mit der Entwicklung der Bedeutung des Menschenbildes in der Organisationsentwicklung. Auf diese Zusammenhänge wiesen bereits Marvin Weisbord, Marvin Ross im Buch „Productive Workplaces“ hin.[109]

Der Wandel, welchem die Organisationen unterliegen, lässt sich unterscheiden in geplanten und auch ungeplanten Wandel. Ferner kann, neben der Unterteilung in evolutionär und revolutionär, wie sie in Kapitel 2 getätigt wurde, differenziert werden zwischen Wandel 1. und 2. Ordnung:

- Der Wandel 1. Ordnung vollzieht sich durch eine inkrementale Modifikation der Arbeitsprozesse der Organisation, ohne dass der Bezugsrahmen verändert wird. Beim Wandel der 1. Ordnung wächst die Organisation rein quantitativ durch eine größere Anzahl von Mitarbeitern, Abteilungen oder Hierarchieebenen. Daraus ergibt sich in erster Linie eine Ausweitung der Operativen ohne weiteren Wandel in der Organisation.
- Der Wandel 2. Ordnung vollzieht sich mit einer paradigmatischen Veränderung der Arbeitsweise der Organisation, wobei die Veränderungen qualitativ im Sinne einer Entwicklung erfolgen zum Zweck einer höheren Effizienz bzw. Produktivität.

Die Analyse der Veränderungsprozesse ist grundsätzlich auf der Ebene der Organisation, der Individuen, der Gruppen sowie der Gesellschaft möglich. Das Management ist gefordert, sich rechtzeitig darauf vorzubereiten, vor allem auf organisatorische Transformationen. Beim organisatorischen Wandel sind oft Krisen die Auslöser. Es handelt sich dabei um Krisen unbewältigter Abweichungen, Probleme fehlender Stimmigkeit oder Fragen nach dem Sinn der Veränderung. Krisen können extern oder intern induziert sein, sie ereignen sich in typischen Phasen:

> Phase 1 ist die latente Krisenphase: Das System kommt aus dem Gleichgewicht. Durch Korrektur- und Stabilisierungsmaßnahmen können evtl. die gröbsten Probleme teilweise behoben oder minimiert werden.

[109] Vgl. Weisbord 2004

Phase 2 stellt die akute Krisenphase dar, in welcher die Stabilisierungsmaßnahmen versagen.

Phase 3 ist die nachkritische Phase, in welcher das Krisenproblem bewältigt ist und das System zum neuen Gleichgewicht strebt.

Wie eine Organisation mit einer Krise umgeht, wie diese bewältigt wird und wie sie sich auf den normalen Geschäftsbetrieb auswirkt, hängt nicht zuletzt von der Unternehmenskultur ab.

„Kultur ist ein Ausdruck davon, wie Menschen in einer Gruppe wahrnehmen, denken, handeln oder fühlen. Bezeichnet man alle Mitarbeiter eines Unternehmens bzw. einer Organisation als eine Gruppe, dann lässt sich auch in einem Unternehmen oder einem Bereich, einer Abteilung, ja sogar einem Team im Unternehmen eine jeweils eigene Kultur zuschreiben. Offen ist, ob eine Organisation bzw. eine Organisationseinheit eine Kultur hat oder ob die Organisation selbst eine Kultur ist.“[110]

Edgar H. Schein hat die Organisationskultur wie folgt definiert: „Organisationskultur ist das Muster von Grundannahmen, die eine Gruppe erfunden, entdeckt oder entwickelt hat ... und die sich soweit bewährt haben, dass sie als gültig betrachtet werden und deshalb neuen Mitgliedern als die richtige Haltung gelehrt werden sollen, mit der sie ... wahrnehmen, denken und fühlen sollen. … Organisationskultur lässt sich als eine Art gemeinsam akzeptierte Realitätsinterpretation darstellen, die im Austausch mit der Umwelt über das tägliche Tun entscheidet … und die das Unternehmensgeschehen nachhaltig, aber unsichtbar … beeinflusst.“[111]

Ob und inwieweit jedoch die Erwartungen der Menschen an die Organisation erfüllt werden, hängt sehr stark davon ab, wie die Menschen und Mitarbeiter in der Organisation sich selbst und ihre Rolle erleben, wie sie sich verhalten und wie sie handeln.[112]

Hier spielen Theorien, Modelle, Methoden und Erkenntnisse aus dem Gebiet der Psychologie eine wichtige Rolle, um zu verstehen, wie und warum Menschen in der Organisation so sind, wie sie sind. Gerade für Führungskräfte, aber auch für alle anderen Mitarbeiter sind Grundkenntnisse und Methoden der Psychologie hilfreich, um mit anderen Menschen in ihrer Organisation besser zu interagieren und bessere Rahmenbedingungen zu schaffen – letztlich, um die gemeinsamen Ziele zu erreichen und das „Funktionieren der

[110] Vgl. www.business-wissen.de/de/baustein/bs299/
[111] Edgar H. Schein 2003
[112] Vgl. www.business-wissen.de

Organisation" sicherzustellen. [113]„Die Organisationspsychologie ist ein Teilgebiet der Psychologie. Sie ist die Wissenschaft vom Erleben, Verhalten und Handeln des Menschen in Organisationen"[114] und vom Verständnis derselben. Gerade im Bezug auf die praktische Anwendung dieser Disziplin in der Arbeitswelt gibt es in Deutschland womöglich noch einigen Nachholbedarf.

Abbildung 5: Organisationspsychologische Betrachtung[115]

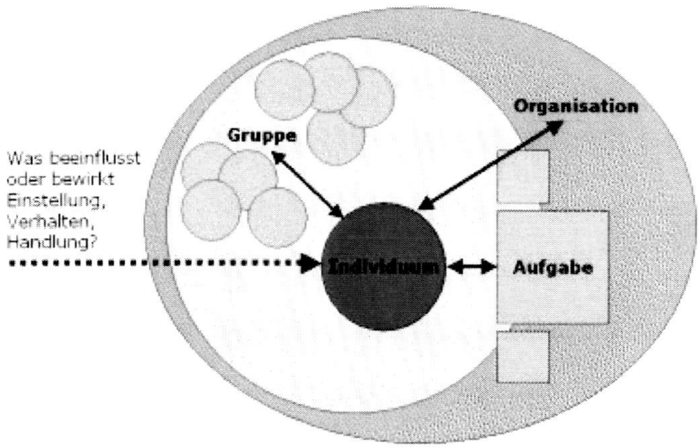

Aus den Zielen und Zwecken eines Unternehmens als Organisation ergeben sich letztlich die Aufgaben und Teilaufgaben, welche erfüllt werden müssen. Hieraus leiten sich die notwendigen Kompetenzen und Qualifikationen der Mitarbeiter ab, die diese Aufgaben erfüllen sollen; sie müssen entsprechend ausgewählt oder dafür trainiert werden.[116]

Für die erforderliche Aufgabenerfüllung sind die Mitarbeiter auf andere abzustimmen, sofern sie mit anderen Mitarbeitern interagieren; sie bauen zu diesen ein entsprechendes Verhältnis auf. Entsprechend schafft die Organisation mit ihrer Struktur, ihrer Kultur und ihren Regeln dafür die Rahmenbedingungen. Daraus ergeben sich beispielsweise Zufriedenheit, Motivation und Handlungsintentionen[117], u. U. aber auch ein negatives Verhältnis als Folge von Missverständnissen, Irritationen oder persönlichen Problemen.

---

[113] www.business-wissen.de/index.php?id=2749
[114] Vgl. Rosenstiel 2003
[115] www.business-wissen.de/de/bausein/bs299/
[116] Vgl.: http://www.business-wissen.de
[117] Vgl.: http://www.business-wissen.de

Im Rahmen der Bewältigung des Wandels gilt es diese Erkenntnisse der Organisationspsychologie zu berücksichtigen. Für das Management stellt sich die Organisation als soziotechnisches System und als Mittel zur Realisierung von Strategien und Zielen, also als ein zentrales Führungsinstrument dar. Marvin Weisbord[118] beschäftigte sich eingehend mit der Problematik der Organisationsentwicklung und dem Organisationswandel. Er beschäftigte sich dabei mit „cognitive maps" und den interpersonellen Beziehungen in der Organisation. Weisbord entwickelte das „Six-Box-Model"[119]. Dieses Modell[120] wird in der auf der nächsten Seite folgenden Abbildung verdeutlicht.[121]

Abbildung 6: A six box model[122/ 123]

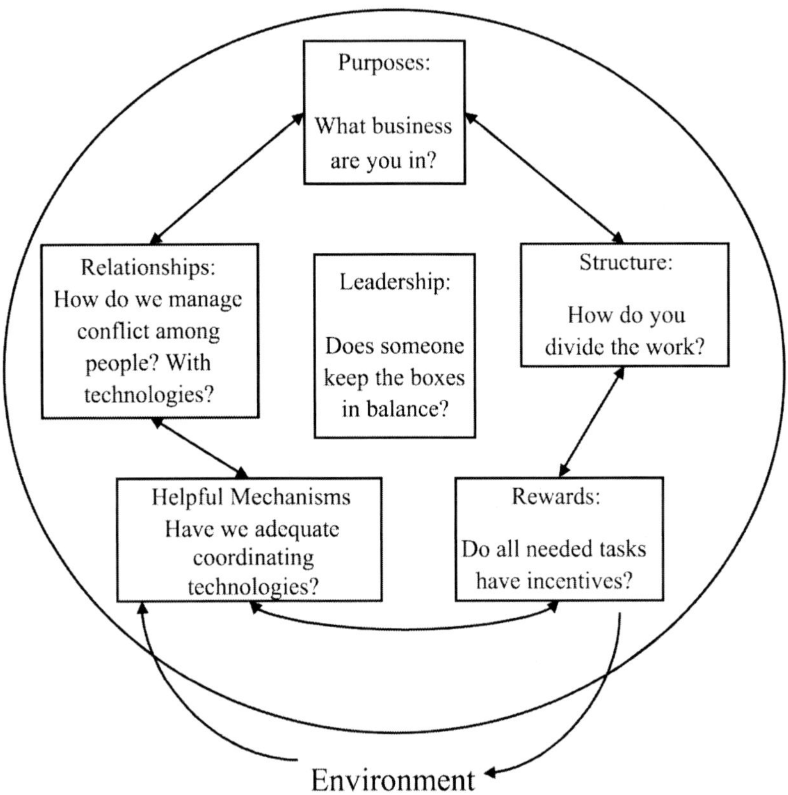

[118] Vgl.: Weisbord 1987: ff.
[119] Vgl.: Weisbord 1976: 430-447
[120] Vgl.: Weisbord 1987: 12 ff.
[121] Vgl.: Weisbord 2004: 75 ff.
[122] Quelle: http://www.emeraldinsight.com/content_images/fig/0400210202005.png ; Vgl. : http://www.marvinweisbord.com/sixboxmodel.html
[123] Vgl.: Weisbord 1976: 430-447

Das Modell zeigt den Beziehungszusammenhang unter den sechs relevanten Systemdeterminanten:[124]

> „Figure 1 provides six labels under which one can sort much of the „funny stuff" that goes on in organizations, both formal and informal. These labels allow people to apply whatever theories they already know in doing a diagnosis and to discover new connections among apparently unrelated events. Visualize Fig. 1 as a radar screen. "Process" issues show up as blips in one or more boxes, blocking work on important tasks. Air controllers use radar to manage relationships among aircraft-height, speed, distance apart- and to avoid heavy weather. Similarity, a blip in any one box cannot be managed independently of its relationship to the other boxes. However, six potential starting places give you several alternatives when choosing an improvement strategy."[125]/ [126]

Bei diesem an die bereits erwähnte Systemtheorie erinnernden Ansatz erfolgt hierbei eine zielgerichtete Institutionalisierung genereller, formalisierter Verhandlungserwartungen durch formale Strukturcharakteristika und durch informelle Strukturen bzw. Prozesse. Während sich in der betrieblichen Praxis die formalen Strukturcharakteristika durch Stellenbeschreibungen, Dienstwege, Unterstellungs- und Delegationsverhältnisse, Arbeitsanweisungen, Statussymbole etc. direkt kontrollieren und steuern lassen, was durch Vorschriften und Regeln der Organisationsstruktur möglich ist, sind die informellen Strukturprozesse nur indirekt über die Gestaltung der Rahmengröße zu beeinflussen bzw. zu fördern. Informelle Rahmengrößen stellen z.B. Freiräume für eigeninitiiertes Handeln, zwanglose Zusammenkünfte der Mitarbeiter oder zwanglose Kommunikationsmöglichkeiten dar.

Eine zentrale Managementaufgabe besteht neben der reinen Führung von Menschen in der dauerhaften Regelung der Beziehungen von Strukturelementen innerhalb eines institutionellen Rahmens. Diese organisatorische Strukturaufgabe besteht in der optimalen Koordination der Elemente der Organisation, Aufgaben, Informationen und Macht mit den Strukturträgern Mensch, Arbeitsmittel und Maschinen.

---

[124] Vgl.: Weisbord 1976: 430-447
[125] Vgl.: Weisbord 2004
[126] Vgl.: Weisbord 1976: 430-447

Generell lässt sich eine Grundaufgabe in drei Teilaufgaben unterteilen:

- die Aufgabenstruktur als die Verteilung von Aufgaben,
- die Kommunikationsstruktur als Verteilung von Informationen, sowie
- die Autoritätsstruktur als Verteilung von Macht.

Bspw. ist bei einer Unternehmensneugründung eine vollkommene Neustrukturierung, eine Art Strukturerstinstallation vorzunehmen. Im dynamischen, sich permanent wandelnden Unternehmen jedoch steht das Management vor der Aufgabe ständiger Reorganisation.

Kosiol[127] differenziert die klassische Organisationslehre in: a) die organisatorischen Aufgabenbereiche, b) die Aufgabenorganisation mit ihrer Gebildestrukturierung und c) der Aufbauorganisation als Prozessstrukturierung. Zur Strukturierung der Unternehmung ist die Primärorganisation als Basisaufbau eine grundlegende Erfolgsdeterminante, denn auf sie stützen sich teils ergänzend, teils überlagernd die sekundären Strukturierungskonzepte, welche auch für die innovativen Prozesse maßgeblich sind.

„Organisationen, welche die Krise ihrer Pionierphase überwinden, wollen dadurch, dass sie für klare Entscheidungslinien sorgen, Abläufe formell regeln, Stellen beschreiben, usw. Sie haben die Neigung, auch die Qualitätsarbeit vor allem unter diesem Blickwinkel der Formalisierung, Spezialisierung und Standardisierung einzuführen und aufzuerlegen. Sie erleben, dass strenges Regeln ihnen hilft, versagende Pioniersautorität zu ersetzen. Dieses Erlebnis kann leicht dazu verführen, auch die Entwicklung der Qualitätssicherung stark formalistisch anzugehen. Dabei entgeht ihnen nur allzu leicht, wie fremd und unattraktiv dadurch das Qualitätswesen für diejenigen wird, die das über sich ergehen lassen müssen. So geht die Antriebskraft von menschlichen Ambitionen, engagierten Fragen und echtem Interesse verloren. Organisationen, in welchen Fachleute tonangebend sind, richten sich sehr stark auf die ständige Verbesserung der professionellen Leistung im eigenen Fach. Wenn in dieser der Kooperations- und Organisationsaspekt nur eine untergeordnete Rolle spielt, kann die Lösung von Problemen mittels „Mehr vom Selben“ sehr schnell zu einem großen Problem werden. Das trifft dann auch das Qualitätswesen: Es wird eingeengt auf die eigene Berufsgruppe und die Frage nach dem, was der Kunde will oder nicht will, wird kaum gestellt. Helfer tun sich schwer, den nächsten in der Kette zu sehen. Da überrascht es nicht, dass der Kunde so gut wie keine Rolle spielt im Qualitätswesen.“[128] Deutschland

[127] Vgl.: Kosiol 1962: 240
[128] Vgl.: Donnenberg

wird aus gutem Grund als „Servicewüste“ bezeichnet und kann hier als klassisches Beispiel dienen. Umweltfaktoren stellen einen wesentlichen Einflussfaktor des Unternehmens dar. Die nachfolgende Abbildung nach Ten Berge stellte die folgende Unterscheidung der vier Einflusspotentiale dar:[129]

Abbildung 7: Einflusspotential – Basis der Früherkennung für das Krisenmanagement nach Ten Berge[130]

Bezeichnung der einflussnehmenden Gruppen / Influencers	**Gruppen-repräsentanten**	**Maßnahmen / Strategien des Krisenvermeidungsmanagements**
Autorisierende und kontrollierende Gruppen	Gesetzgeber, Aktionäre, Aufsichts-behörden, Banken	Da sie die gesetzliche und finanzielle Grundlage für die Existenz der Unternehmung bilden, bedarf der Umgang mit dieser Gruppe einer besonderen Strategie: Lobbyismus, Teilnahme an Hearings, gezielte Informationspolitik.
Funktionale Gruppen	Lieferanten, Konsumenten, Gewerkschaften	Sie stehen im Mittelpunkt der herkömmlichen Sicht der Unternehmung. Beschaffungsstrategien, Marktstrategien, Personalstrategien.
Normative Gruppen	Wirtschafts-verbände, Berufsverbände, Parteien	Sie dienen der überbetrieblichen Interessenverwaltung sowie der legitimatorischen Absicherung von Unternehmerinteressen in Verbänden und Kammern. Strategien der Repräsentation und Kooperation, Absprache und Zusammenschlüsse.
Spontane Gruppen	Bürgerinitiativen, Umweltschutz-gruppen, Minderheiten	Ihre unvorhersehbaren Aktionen sind schwer zu prognostizieren, es bedarf einer soliden Öffentlichkeitsarbeit, PR-Aktionen, Maßnahmen im Umweltbereich.

Dabei ist die Früherkennung der Entwicklung der Umwelt für ein Krisenvermeidungsmanagement von zentraler Bedeutung. Mit der Erkennung sind entsprechend Strategien zu eruieren und Maßnahmen unverzüglich und vorsorglich zu realisieren. Grundlegend bestehen für den Organisationswandel verschiedene Grundmodelle:

[129] Vgl.: Ten Berge 1989: 80 ff.
[130] ebenda

Entwicklungs-, Selektions- und Lernmodelle.[131] Auf der Basis des konstruktiven Entwicklungsmodells[132] verläuft der Wandel in vier Schritten:

1. Externalisierung als Äußerung eines subjektiven Sinns durch die Gründer in der Gründungsphase, was einen Basiskonsens erfordert.
2. Habitualisierung, als Regelaufnahme von Verhaltensweisen mit positiver Erfahrung.
3. Institutionalisierung als Typisierung des Verhaltens und längerfristige Fixierung.
4. Objektivation, die institutionalisierten Handlungen werden in objektiver Wirklichkeit erlebt und müssen einen Sinn geben.

Unter den Selektionsmodellen sind die Selektion und die Populationen von Organisationsformen nach McKelvey und Aldrich relevant.[133] Dieses Selektionsmodell basiert auf den folgenden vier Regeln:

1. Variation, wonach Unternehmen möglichst experimentierfreudig und vielseitig differenzierte Struktur- und Kompetenzangebote entwickeln.
2. Selektion, wonach Organisationsmitglieder animiert werden sollen, zu experimentieren. Sie sollten die Regeln kennen, nach welchen die interne Selektion der Variationen durch das Management erfolgt.
3. Retention, wonach bewährte Strukturen beibehalten und vorhandene Kompetenzen an die Organisation gebunden werden.
4. Auseinandersetzung, wonach der interne Wettbewerb zwischen Abteilungen und Gruppen gefördert werden soll.

Nach den Selektionsmodellen sind jedoch organisatorische Lern- und Entwicklungsprozesse zu ergänzen.

Nach den Lernmodellen verläuft das organisationale Lernen durch die Interpretation der Übergänge, der Transformation von einer Entwicklungsstufe zur nächsten im nachfolgenden lernpsychologischen Prozess:[134]

---

[131] Vgl.: Türk 1989: 58-61
[132] Vgl.: Berger / Luckmann 1980
[133] Vgl.: McKelvey / Aldrich 1983: 101-128
[134] Vgl.: Montada 1970

1. Der Assimilation als Integration von Erfahrung im Umgang mit der Umwelt.
2. Der Akkomodation als Veränderung bestehender Strukturen, Modifikation des Verhaltensrepertoires.
3. Äquilibration als Gleichgewicht von Erhaltungs- und Erweiterungsstreben. Dabei führen erfolglose Assimilationsversuche, wenn sich also die Erfahrungen nicht in das vertraute Schema einordnen lassen, zu einem Ungleichgewicht, zu einer kognitiven Dissonanz, was zu Lernprozessen höherer Ordnung führt.

Individuen lernen grundsätzlich für sich selbst, es ist also ein individuelles Lernen. Unternehmer bzw. Top-Manager und Management-Gruppen dagegen lernen für Organisationen im Sinne von vikarischem Lernen. Die Entwicklung der Management-Systeme und der Organisationen entsprechen organisatorischem Lernen.

Entsprechend der Ausführungen von Argyris[135] vollzieht sich der sog. Single-loop-learning-Prozess nach folgenden Phasen: Fehlersuche, Lösungssuche, Lösungsumsetzung und Ergebnisbewertung. Hierbei erfordert eine Umstrukturierung bestimmte Verhaltensweisen des Managers, insbes. das Hören auf Widerstände, das Denken in Alternativen und das experimentelle Testen von Denkmustern. Zum Organisationswandel im Sinne eines geplanten Wandels wurde durch die National Training Laboratories NTL von gruppendynamisch forschenden Trainern und Wissenschaftlern ein Zielkatalog erstellt.

[135] Vgl.: Argyris / Schön 1978: 20 ff.

Abbildung 8: Neun-Punkte-Managementregeln / Zielkatalog für Organisationsveränderungen der National Training Laboratories NTL[136]

1. Innerhalb der Organisation ist ein offenes, Problem lösendes Klima zu schaffen.
2. Die auf Rollen und Status basierende Autorität ist durch Autorität aufgrund von Wissen und Können zu ergänzen. [Anm. d. Verf.: Hierzu ist die rein „menschliche" Autorität hinzuzufügen.]
3. Die Verantwortlichkeiten, welche Entscheidungen treffen und Probleme lösen, bedürfen einer Lokalisierung nahe der Informationsquellen.
4. Innerhalb der gesamten Organisation ist Vertrauen unter den Individuen und Gruppen zu schaffen. [Anm. d. Verf.: Gerade in der heutigen Zeit ist hierauf besonderes Augenmerk zu richten (Stw. Finanzkrise). Gleichzeitig stellt sich die Frage, wie dieser Punkt zu realisieren ist, wenn bspw. Mitarbeiter eines Unternehmens aus der Zeitung von Stellenabbau oder Insolvenz ihrer Firma erfahren.]
5. Der Leistungswettbewerb ist an die Arbeitsziele anzupassen und gemeinsame Anstrengungen sind zu verstärken. [Anm. d. Verf.: Dieser „Kapitalismus in Reinform" ist theoretisch hilfreich, doch anhand der sozialen Verantwortung eines Arbeitgebers nicht praktisch anwendbar.]
6. Es ist ein Belohnungssystem zu entwickeln, welches sowohl die Leistung als auch die Ziele der Organisation sowie deren Entwicklung bezüglich des Wachsens der Personen [Anm. d. Verf.: Gemeint ist die Entwicklung der Mitarbeiterzahl der Organisation.] berücksichtigt.
7. Innerhalb der Organisation ist das Gefühl für Eigentumsrechte zu steigern.
8. Das Management selbst ist [von allen Seiten] zu unterstützen, damit so gehandelt wird, wie es die relevanten Ziele erfordern.
9. Die Selbstkontrolle und Selbsterkennung von Personen innerhalb der Organisation ist zu steigern.

[136] Vgl.: National Training Laboraties NTL 1968

4.2 Dimensionen, Aufgaben und Prozess des Change Management

Die Entwicklung des Change Management erfolgte in den vergangen Jahren mit einer beträchtlichen dynamischen Aufwertung. Für diese Entwicklung waren die folgenden Gründe maßgeblich:

Abbildung 9: Gründe für die Aufwertung von Change Management[137]

Permanenter Wandel der Umwelt Vor allem die digitale Revolution hat die Abläufe der modernen Wirtschaft stark beschleunigt. Viele Unternehmen erlebten diesen permanenten Wandel der Umwelt als permanente Krise. Die Gleichgewichtsphasen des „Business as Usual" wurden zur Ausnahme, und Führung sah sich oftmals auf die Funktion des Krisenmanagements reduziert. **Gestaltung des Wandels tut Not** Die Notwendigkeit einer ständigen Anpassung an die Umwelt hat in der Prioritätenskala des Managements zu einer Aufwertung des Change Managements geführt. Wer den nachhaltigen Unternehmenserfolg sichern will, muss notgedrungen in Prozesse des Wandels investieren. **Wandel als Erfolgsfaktor** Die Fähigkeit zu Veränderung und Wandel sind gegenwärtig zum zentralen Erfolgsfaktor eines Unternehmens geworden. In der dynamischen Perspektive der modernen Ökonomie entscheidet das Potenzial [Anm. d. Verf.: I. S. von Veränderungsfähigkeit.] über die Gestaltung von Veränderungen und über Erfolg oder Misserfolg von wirtschaftlichen Aktivitäten.

Heute ist die Bewertung der konkreten Change-Maßnahmen anhand von objektivierbaren Kriterien von zentraler Bedeutung. Change Management lässt sich systematisieren und diese Systematik von Change Management sowie der einzelnen Arten von Veränderungsprozessen zeigen sich in den folgenden zwei Dimensionen:[138]

- der Reichweite einer Change-Maßnahme
- dem angemessenen Managementverständnis.

---

137 Quelle: http://www.4managers.de/themen/change-management/

138 Vgl.: http://www.4managers.de/themen/change-management/

Bei der Reichweite des Veränderungsprozesses lässt sich unter globalem Wandel und lokalen Anpassungen unterscheiden. Durch den globalen Wandel wird in der Regel das gesamte Unternehmen beeinflusst, wie es bei Veränderungen der Strategie oder der Unternehmenskultur der Fall ist. Dagegen lässt die lokale Anpassung die operationale Basis weitgehend unangetastet und beschränkt sich auf Veränderungen einzelner Projekte oder eines Segments des Unternehmens. Meist wird der Wandel als ganzheitlicher Prozess begriffen, welcher sämtliche Bereiche eines Unternehmens betrifft – sog. komplementärer Wandel. Insgesamt wird eine Verlagerung der Gewichte zu Konzepten des globalen Wandels festgestellt. [139] Ferner bedarf es eines angemessenen Managementverständnisses. Durch das Rollenverständnis der Change Agents wird die Art und der Erfolg der Veränderungsmaßnahme beeinflusst. Gleichzeitig jedoch verlangen die einzelnen Change-Prozesse nach unterschiedlichen Rollenverständnissen. Somit breitet sich das künftige Spektrum für die möglichen Führungsmodelle des Change Management zwischen den Extrempositionen Transformation und Evolution aus:[140]

- Transformation
  In extremen Transformationsansätzen liegt das Maschinenmodell des Unternehmens vor. Demnach bedeutet managen Lenken durch Neueinstellungen der „Stellschrauben". Dabei wird der Wandel durch autoritäre Eingriffe oder durch manipulierende Marketingmaßnahmen herbeigeführt.
- Evolution
  Aus der Perspektive der Evolutionsansätze werden Unternehmen als Organismen angesehen, deren Entwicklung sich nur behutsam steuern lässt. Es bilden sich neue Ordnungsmuster in chaotischen Prozessen der Selbstorganisation heraus. Hierbei sieht der Change Manager seine Rolle eher als Moderator denn als Schrittmacher.
- Reform
  Hierbei befinden sich zwischen den Extrempositionen Hybridmodelle, welche sich durch einen mittleren Interventionsgrad auszeichnen, wie er für Reformen typisch ist. Dabei sieht sich der Change Manager als Impulsgeber, welcher einem Prozess der Selbstorganisation einen groben Rahmen oder eine Veränderungsrichtung vorgibt.

---

[139] Vgl.: http://www.4managers.de/themen/change-management/
[140] Vgl.: http://www.4managers.de/themen/change-management/

Es ist festzustellen, dass es das richtige Führungsmodell für alle Change-Maßnahmen nicht gibt und nicht geben kann, denn manche Führungsmodelle erfordern eher einen Transformations-, andere eher einen Evolutionsansatz.

Die künftige Aufgabe des Change-Managements besteht darin, sicherzustellen, dass standardisierte Methoden und Verfahren zur Durchführung von Veränderungen existieren und effizient genutzt werden. Das Change-Management wird zunehmend dafür verantwortlich, den Change Prozess zu erstellen und zu verwalten.

Das Change-Management umfasst typischerweise:[141]

- Analyse und Dokumentation des Ist-Zustands und das Erkennen der Notwendigkeit, sich zu verändern.
- Die Einschätzung der Auswirkungen, Kosten, Vorteile und Risiken der in Erwägung gezogenen Änderungen.
- Die Rechtfertigung und Genehmigung von Changes.
- Das Initiieren, Dokumentieren und Autorisieren von Änderungen.
- Das Planen und Koordinieren der Implementierung von Changes – Überwachen und Berichterstattung über die Implementierung.
- Die Prüfung und abschließende Bearbeitung von Request for Changes (RfCs).

Changes werden geplant. Dies stellt eine bedeutende Aufgabe dar, denn nur geplante und mit einem angemessenen Zeitplan versehene Changes können effektiv kontrolliert werden. Nur auf diese Weise kann sichergestellt werden, dass genügend Zeit vorhanden ist, um einen Überblick zu erhalten, was getan werden muss und dass es getan wird.
Künftig wird auch die Kommunikation eine bedeutende Aufgabe des Change-Managements sein. Sie bildet das zentrale Element für einen erfolgreichen Change Prozess:
Ein Kommunikationsmangel ist häufig der Grund dafür, dass Changes nicht korrekt durchgeführt werden können und „Incidents" auftreten, dass also neue Verhaltensweisen, Prozesse, Methoden etc. nicht angenommen und angewendet werden bzw. der Fall, dass es zu einem „Rückfall" zu altem Verhalten kommt, da kein vollständiger Paradigmenwechsel innerhalb der Mitarbeiterschaft stattgefunden hat.

---

[141] Vgl.: Fernis 2006

Je mehr Mitarbeiter über den Change und die Maßnahmen informiert werden, desto größer ist die Chance, dass der Change angemessen analysiert, verstanden, akzeptiert und überwacht wird, so dass die Durchführung fehlerfrei werden kann.
Vor diesem Hintergrund ist eine Kommunikationsstruktur (z. B. das CAB, Change Advisory Board) erforderlich. Von großer Bedeutung sind auch Reports. Reports sind dabei hilfreich, die Changes selbst bekannt zu geben und wie diese durchgeführt wurden.[142]

Der Change-Management-Prozess verläuft unabhängig davon, ob es sich um einen kleinen Change oder ein großes Projekt handelt. Auch die Dringlichkeit hat keinen Einfluss. Im Prozess gilt es jedoch die Ablaufgeschwindigkeiten und Prioritäten zu berücksichtigen. Der Change-Management-Prozess durchläuft die folgenden Phasen:[143]/[144]

- Request for Change:
  RFC, Logbuch, Festhaltung aller Aktivitäten, Diskussionen, Beschreibungen, Analysen, Dokumentationen und Entscheidungen bezüglich einer Veränderung.

- Registrierung und Klassifizierung:
  Sammeln der benötigten Informationen.

- Überwachung und Planung:
  Planung und Kontrolle des/der Changes.

- Genehmigung:
  Entscheidung über Durchführung des Change.

- Ausarbeitung und Test:
  Koordination durch Release-Management und normales Linien-Management

- Freigabe der Implementierung:
  Test und Überprüfung der Aktionen – Freigabe.

- Implementierung:
  (Koordination des Changes und Implementierung).

- Auswertung:
  (Post Implementation Review PIR, ROI)

---

142 Vgl.: Fernis 2006
143 Vgl.: Kotter 2006
144 Vgl.: Doppler / Lauterburg 2005

4.3 Strukturphasen nach Lewin – Veränderungsprozesse

In den 40er des 20. Jahrhunderts führte Kurt Lewin[145] weiter gehende Untersuchungen durch. Der Gegenstand der sog. Pioniertheorie von Lewin (1947, 1958) beschäftigt sich im Rahmen der Organisationstheorie mit den Phasen von Veränderungen.[146] Der Veränderungsprozess verläuft nach Lewin in den folgenden Phasen:[147/148]

- Unfreezing,
- Moving,
- Refreezing.

Abbildung 10: 3-Phasen-Modell von Lewin[149]

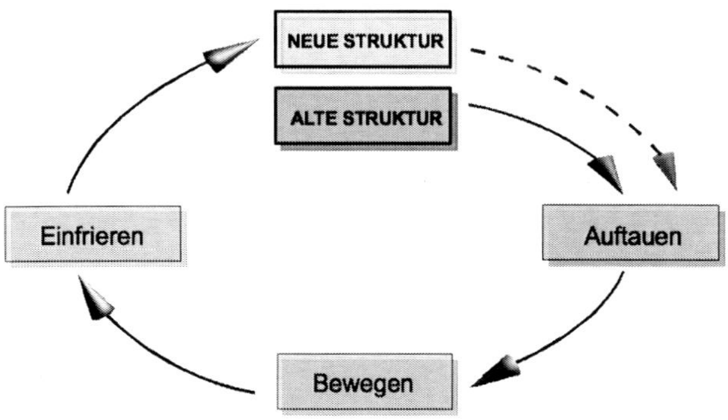

4.3.1 Unfreezing:

In der ersten Phase wird von der Einsicht ausgegangen, dass die Realitäten nicht mehr den Erwartungen entsprechen. Entsprechend gelangt die Erfordernis einer Veränderung als Möglichkeit des Handelns ins Bewusstsein. Daher wird nun bisheriges Verhalten in Frage gestellt. Es bedarf ferner einer Flexibilität und der Bereitschaft für Veränderungen. In dieser Phase besteht das primäre Ziel darin, die nach Veränderung strebenden Kräfte zu stärken und zu unterstützen. Dadurch soll ein Veränderungsbewusstsein induziert werden. In diesem Kontext bedeutet dies bildlich das Auftauen des bestehenden (bzw. des eingefrorenen) Gleichgewichtes.[150]/[151]

---

[145] Vgl.: Weisbord 2004: 75 ff., 199 ff.
[146] Vgl.: Lewin 1947: 1, 5-41
[147] ebenda
[148] Vgl.: Weisbord 2004: 75 ff., 199 ff.
[149] Vgl.: Lewin 1947: 5-41
[150] ebenda

4.3.2 Moving:

Im Rahmen der zweiten Phase, der sog. Moving- oder Veränderungsphase, werden Lösungen generiert und neue Verhaltensweisen ausprobiert. Es folgt eine Lösung des Problems in Teilprojekten. Dabei wird der bisherige Status Quo verlassen. Es vollziehen sich verändernde Bewegungen, die zu einem neuen Gleichgewicht hin führen.[152]/[153]

4.3.3 Refreezing:

Das eigentliche Ziel der dritten Phase besteht im „Wieder-Einfrieren", also der Implementierung der gefundenen Problemlösungen und damit der zumindest vorläufige Abschluss des Veränderungsprozesses. Entsprechend dem Episodenschema von Lewin müssen durchgeführte Veränderungen stabilisiert werden. Dies erfordert, dass sie zur dauerhaften Integration in das Gesamtsystem in neuem Gleichgewicht eingefroren werden. Letztlich soll der neue Gleichgewichtszustand so vor der Macht der Gewohnheit geschützt und stabilisiert werden.[154]/[155]

Der Veränderungsprozess wird in der Führung durch die Change Agents unterstützt.[156] Die für die Umsetzung Verantwortlichen werden geschult in den für das Veränderungsmanagement relevanten Bereichen wie bspw. Konfliktmanagement, Projektmanagement, Coaching, Kommunikationstechniken etc. Meist sind sie ausschließlich für Veränderungsvorhaben zuständig. Veränderungen werden in der Weiterentwicklung durch sog. Veränderungsteams (change teams) unterstützt.[157]

Heute gehören die Fähigkeiten der Change Agents zu den Kompetenzen, welche von Führungskräften erwartet werden. Somit hat sich im Laufe der Entwicklung der Einsatz von speziellen Change Agents erübrigt.

Der Mensch hat gegenüber Veränderungen eine eher skeptische Grundhaltung. Dies ist auch darin begründet, dass jede Veränderung auch mit einem gewissen Grad an Unsicherheiten über künftige Ereignisse verbunden ist.[158] Diese können auch als Gefahren

---

[151] Vgl.: Weisbord 2004: 75 ff., 199 ff.
[152] Vgl.: Lewin 1947: 1, 5-41
[153] Vgl.: Weisbord 2004: 75 ff., 199 ff.
[154] Vgl.: Lewin 1947: 1, 5-41
[155] Vgl.: Weisbord 2004: 75 ff, 199 ff.
[156] Vgl.: Rohm 2006
[157] ebenda
[158] Vgl.: Peterke2006: 64-65

und Risiken wahrgenommen werden.[159] In den modernen Ansätzen des Projektmanagements erfolgt eine Berücksichtigung dieser Einstellung des Menschen. Aus diesem Grund werden bei diesem Prozess die Betroffenen (Stakeholder) bereits frühzeitig auf die anstehenden Veränderungen mittels umfassender und angemessener Information (Change Communication) vorbereitet. Aus dieser Perspektive kann und sollte ein künftiges Veränderungsmanagement durchaus Informations- und Schulungsmaßnahmen beinhalten. Denn durch eine vorzeitige Information der Betroffenen wird den entsprechenden Mitarbeitern die nötige personelle Sicherheit in dem Prozess vermittelt.[160]

Für das zukünftige Change Management gilt: Je stärker die Sicherheit, desto größer die Bereitschaft zur Veränderung. Wird diese Bereitschaft nicht erzeugt, so kann dies zu Widerständen aus der Belegschaft führen, welche ggf. das Projekt zum Scheitern bringen.[161] De facto ist dies einer der wichtigsten Gründe für das Scheitern einer Veränderungsmaßnahme, insbesondere großer Anpassungen, wie z.B. Fusionen und Reorganisationen.

Mit der Weiterentwicklung der Theory of Constraints wird den Unternehmen mittels einer strukturierten Begleitung erlaubt, die sieben Schritte eines Veränderungsprozesses / Vorhabens einfach und effizient zu begleiten.[162] Durch eine methodische Begleitung erhält die Unternehmung die Möglichkeit, diese Disziplin für die Unternehmung auch lernbar zu machen.[163]/[164]/[165] Dies führt dazu, dass Veränderungen auch Verbesserungen werden und zugleich auch in der ganzen Organisation immer wieder reproduziert werden können.[166] Heute und noch mehr in der Zukunft stellt das Veränderungsvermögen einer Unternehmung eine der wesentlichsten Erfolgsfaktoren dar.[167]/[168]

---

[159] Vgl.: Doppler / Lauterburg 2005
[160] Vgl.: Peterke 2006: 64-65
[161] Vgl.: Weisbord 2004: 75 ff., 199 ff.
[162] Vgl.: Conner 1993
[163] Vgl.: Rohm 2006
[164] Vgl.: Fernis 2006
[165] Vgl.: Doppler / Lauterburg 2005
[166] Vgl.: Peterke 2006: 64-65
[167] Vgl.: Kotter 2006
[168] Vgl.: Weisbord 2004: 75 ff.

5 Künftige Anforderungen an das Change Management

Gegenwärtig wie künftig gibt es kein richtiges oder optimales Führungsmodell für alle Change-Maßnahmen. Einige erfordern eher einen Transformations- und andere dagegen mehr einen Evolutionsansatz.[169] Zu den bedeutendsten Interventionsinstrumenten des zukünftigen Change Management gehören die folgenden:[170]

Abbildung 11: 6 Interventionsinstrumente des zukünftigen Change Management[171]

Organisationsentwicklung
Die Organisationsentwicklung stellte über viele Jahre hinweg das dominierende Paradigma des Change Management dar. Es handelt sich dabei um den evolutorischen Ansatz schlechthin. Dabei setzt die Entwicklung sowohl auf der Ebene der Individuen (Human Resource Management, Personalentwicklung) als auch der Gesamtorganisation an.

Lernende Organisation
In einer Lernenden Organisation wird Wandel mit einer Verbesserung der öffentlichen Wissensbasis [Anm. d. Verf.: I. S. des kollektiven, allgemein zugänglichen Wissens.] eines Unternehmens gleichgesetzt.

Krisenmanagement
Beim Krisenmanagement im Sinne des Turnaround Management handelt es sich um ein Vorgehen in einem globalen Wandel mit hohem Interventionsgrad.

Innovationsmanagement
Bei den meisten Unternehmen wirkt sich der Einsatz von Neuerungen als lokale Anpassung aus. Ganze Ökonomien umgestaltende Innovationen wie das Internet müssen als Ausnahme gesehen werden. Bei stark auf Innovation ausgerichteten Unternehmen kann Innovationsmanagement im Stile des Ideenmanagements auch die gesamte Organisation umfassen.

---

169 Vgl.: Reiss 1997: 5-30
170 ebenda
171 www.4managers.de/themen/change-management/

Kontinuierlicher Verbesserungsprozess (KVP)
Bezweckt wird hier die Optimierung einzelner Produkte, Anlagen oder Prozesse in kleinen Schritten. Vorbild ist das japanische Kaizen.

Strategieverwirklichung
Zu den Implementierungsansätzen gehört auch die Strategieverwirklichung. Zwischen Intervention und Evolution nimmt sie eine mittlere Position ein, da sie zum einen die Richtung der Veränderung vorgibt, andererseits aber den Wandel bei Akteuren im Unternehmen verwurzelt (Promotoren). Strategische Veränderungen umfassen in der Regel die Gesamtorganisation, sind also als globaler Wandel zu sehen.

Bevor mit dem Change begonnen wird, sind die folgenden Fragen künftig intensiver zu klären:[172]

- Wie viel Transformation ist nötig? (Case for Change)
- Trauen Sie es sich zu den Change Prozess anzuführen (und durchzuhalten)?
- Haben Sie genügend Mitspieler in Ihrer Führungsmannschaft, die wirklich geeignet sind und „mitspielen" wollen?
- Ist der Zeithorizont realistisch und sind Sie bereit die nötige Zeit dafür zu investieren?
- Wie wird der Erfolg der Change Management Maßnahme gemessen?

Es bestehen verschiedene Arten von Change Management. Sie sind abhängig von der Ausgangsposition, Schwerpunkte und Design des Veränderungsprozesses. Dies wird durch die nachfolgende Abbildung verdeutlicht:

[172] http://www.kraus-und-partner.de/33/Was-ist-Change-Management

Abbildung 12: Arten des zukünftigen Change Management[173]

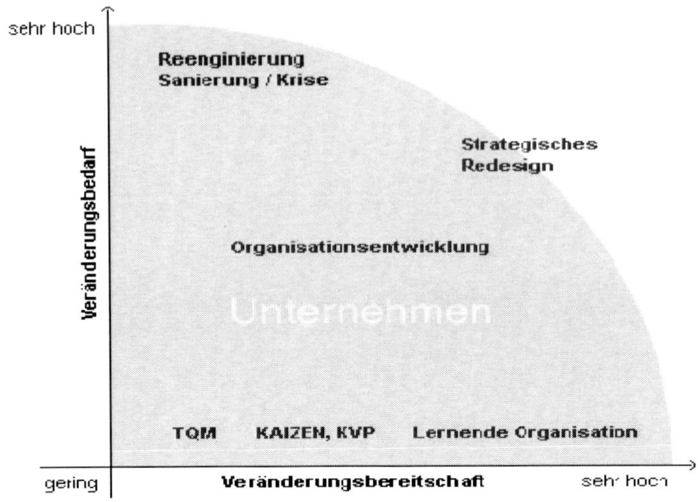

[Anm. d. Verf. zu Abb. 12:

A) Dies widerspricht nicht der im Kapitel 1 erläuterten grundsätzlichen (das Prinzip betreffende) Austauschbarkeit der Begriffe CM und OE, da selbst diese Herangehensweise keinen faktischen Unterschied erkennen lasst. Es wird zwar hier die Organisationsentwicklung als eine Unter-Art des Change Management postuliert, doch dass eine Change Management Maßnahme mit mittlerer Veränderungsbereitschaft in der Organisation und moderatem Veränderungsbedarf wirklich die Definition von Organisationsentwicklung trifft, ist nicht erwiesen. Es bleibt also bei der nahezu gänzlichen Bedeutungsähnlichkeit der Begriffe auf abstraktem Niveau: Beide sind geplanter Wandel, der unter verschiedenen Grundvoraussetzungen auch verschiedene Vorgehensweisen und Ergebnisse mit sich bringt.

Des Weiteren wird, der Vereinfachung halber, die in der Abbildung gezeigte Einordnung von mir übernommen: Change Management subsummiert sämtliche Arten des gesteuerten Wandels. Siehe dazu S.16, u.A. die Aussage dazu von Kraus (Fußnote 35).

B) Die auf der X-Achse abgezeichnete Veränderungsbereitschaft muss inhaltlich um die Bedeutung „Veränderungsfähigkeit" ergänzt werden.]

[173] http://www.kraus-und-partner.de/33/Was-ist-Change-Management

An die Change Manager werden hohe Anforderungen gestellt. In der Zukunft sollte ein Change Manager die folgenden Anforderungen erfüllen:[174]

- Das Managen des Veränderungsprozesses:
  Planen und Organisieren, Steuern sowie Kontrollieren der Projektabläufe.
- Das Managen des Veränderungsteams:
  führen, motivieren, leiten können.
- Das Managen der Kundenbeziehung:
  Beachten, wie sich der Veränderungsprozess auf die externen/internen Kunden auswirkt und entsprechend steuern.
- Das Managen der Interessensgruppen:
  Einbeziehen interner/externer Interessensgruppen, die durch den Change-Prozess tangiert sind und damit das Projektumfeld beeinflussen können.
- Das Umgehen mit Ereignissen im Change-Management:
  Lernen, mit nicht geplanten, unvorhersehbaren Ereignissen und Schwierigkeiten umzugehen, ggf. zu improvisieren und die Verantwortung für Fehler übernehmen.

Die Kommunikation stellt im Zusammenhang mit Change-Prozessen einen wesentlichen Erfolgsfaktor dar. Die Ergebnisse einer Emnid-Umfrage aus dem Jahr 2000 zeigten folgendes auf:[175]

Der Erfolg von Fusionen ist bedroht, weil

- Mitarbeiter zu spät integriert werden: 87 %
- zu wenig Transparenz vorhanden ist: 86 %
- späte, schlechte, fehlerhafte und unvollständige Informationsvermittlung erfolgt ist: 81 %

Wird nur einer dieser Fehler begangen, ist ein Erfolg des Change Prozesses bereits unwahrscheinlich bzw. zumindest stark gefährdet. Auch künftig sind im Rahmen des Change Management immer die drei Aspekte zu berücksichtigen:

---

[174] Vgl.: http://www.kraus-und-partner.de/33/Was-ist-Change-Management
[175] Vgl.: http://www.kraus-und-partner.de/33/Was-ist-Change-Management

- Strategie,
- Struktur,
- Kultur.

Für das zukünftige Change Management sind die folgenden Erfolgsfaktoren von Change Prozessen relevant:

- Das Wecken von Energie und das Schaffen von Vertrauen:[176]
  Klarheit über Ziele => „wo man hin will";
  Offene Informations-Politik;
  Problembewusstsein schaffen;
  Glaubwürdigkeit des Vorhabens sicherstellen.
- Das Einrichten von zweckdienlichem Info- und Kommunikationsmanagement:
  Kommunikationskonzepte für Vernetzung nützen;
  Dialoge mit Gruppen, Personen führen;
  Das Senden über Medien (E-Mail, Newsletter, Schwarzes Brett etc.) allein genügt nicht.
- Die Sicherstellung des Lernens[177] und des angestrebten Lernerfolgs:
  Raum und Zeit für Lernen einplanen;
  Entwicklung von Personen und Systemen zu Bestandteilen der Zielvereinbarungen machen;
  „Wartungsintervalle" für Teams etc. einplanen;
  Qualifikation ist eine Investition.
- Das Organisieren von außen nach innen:
  Dem Kunden und dem Markt erste Priorität einräumen;
  Kunden- und Lieferantenverständnis intern aufbauen;
  Prozesse nach produktivem Mehrwert untersuchen.
- Das konsequente Handeln:
  Keine Schwächephase einlegen, sie gefährden den Erfolg;
  Bremser und Störenfriede erkennen und „einfangen" oder notfalls versetzen, umsetzen oder gar entfernen.

---

[176] Vgl.: http://www.kraus-und-partner.de/33/Was-ist-Change-Management
[177] Vgl.: Weisbord 2004: 75 ff., 199 ff

Für die künftigen Change-Prozesse ist es erforderlich, dass ein klares Bild über die Ausgangssituation erhalten bleibt. Für die Zukunft im Change Management sind nach John Kotter die auf der nächsten Seite folgenden Punkte zu berücksichtigen:[178]

Abbildung 13: Phasen im Change-Prozess nach John Kotter[179]

1. Ein Gefühl der Dringlichkeit [Anm. d. Verf.: I. S. von Veränderungsnotwendigkeit] erzeugen
2. Mitstreiter finden, eine Führungsallianz bilden
3. Eine klare Vision und Ziele definieren
4. Die Vision kommunizieren [Anm. d. Verf.: und: Motivieren /überzeugen]
5. Mitarbeiter befähigen, Widerstände zu überwinden
6. Kurzfristige Erfolge ermöglichen und sicherstellen
7. Konsolidieren und weiter treiben
8. Verankern der neuen Ansätze in der täglichen Arbeit/ Praxis

5.1 Künftige Anforderungen an und Bedeutung der strategischen Organisationsentwicklung / Change Management

Künftig ist der Wandel von Organisation aktiver zu gestalten. Unternehmen ändern sich durch starke Wettbewerber, veränderte Kundenwünsche, Wechsel bei den Führungskräften, neue Mitarbeiter oder durch Umstellung der Informations- oder Produktionstechnologie, Globalisierung u. v. m. Der Wandel stellt ein zentrales Element eines jeden Unternehmens dar. Während einige Unternehmen vom Wandel getrieben werden und ihm ausgesetzt sind, managen ihn andere Organisationen aktiv und vorausschauend. In manchen Situationen sind große Veränderungen auf einen Schlag erforderlich. In anderen Situationen jedoch erfolgt der Wandel über einen längeren Zeitraum und in kleinen Schritten. Die Unternehmensführung muss künftig früher erkennen, wann und in welchem Tempo welche Veränderungen erforderlich sind. Jedoch kann sie dies nur mit allen Mitarbeitern gemeinsam, also mit deren Akzeptanz bewerkstelligen.[180]

---

[178] Vgl.: Kotter 2006
[179] Kotter 2006
[180] Vgl.: http://www.business-wissen.de/de/baustein/bs412/

Für die Organisationsentwicklung und das Change Management der Zukunft gilt: „Veränderungsmanagement oder Change Management umfasst alle Aufgaben, Maßnahmen und Tätigkeiten, die eine umfassende, bereichsübergreifende und inhaltlich weit reichende Veränderung - zur Umsetzung von neuen Strategien, Strukturen, Systemen, Prozessen oder Verhaltensweisen - in einer Organisation bewirken sollen."[181]

Gegenwärtig wie zukünftig provozieren Veränderungen Verunsicherung und Ängste bei den Mitarbeitern. Aufgrund folgender Faktoren kann im Allgemeinen eher ein starker Widerstand entstehen:

- Radikale und durchgreifende Veränderungen.
- Unerwartete und plötzliche Veränderungen.
- Veränderungen mit potenziell negativen Konsequenzen für beteiligte Personen. (Oder die Konsequenzen unbekannt sind.)
- Veränderungen, wenn ein starkes Vertrauen in die gegenwärtige Situation herrscht.
- Veränderungen, bei denen das Ziel diffus ist.
- Veränderungen in Organisationen, die bereits negative Erfahrungen mit Change Management gemacht haben.

Vor diesem Hintergrund vertreten die erfahrenen Veränderungsmanager die Auffassung, dass sich die Belegschaft bei jeder Veränderungsinitiative schnell in drei Gruppen spaltet[182]:

- Die Begeisterten und Mitmacher (etwa 20 %),
- die Zögerlichen und Zurückhaltenden (etwa 60 %), sowie
- die Beharrer und grundsätzlichen Neinsager (etwa 20 %).

Deshalb ist es von besonderer Bedeutung, dass Veränderungen richtig gemanagt werden. Es besteht ein hohes Risiko, dass sie im Sande verlaufen, Konflikte schüren und ein Unternehmen in die Krise treiben. Aus diesem Grunde sind die Führungskräfte eines Unternehmens in besonderer Weise gefordert.

---

[181] Vgl.: http://www.business-wissen.de/de/baustein/bs412/
[182] Vgl.: http://www.business-wissen.de/de/baustein/bs412

Auch in der Zukunft ist den Mitarbeitern besondere Beachtung zu schenken. Oft wollen diese den Wandel nicht. Somit bedarf es künftig einer verstärkten Überzeugung der Führungskräfte **und** der Mitarbeiter von der Notwendigkeit der Veränderung. Eine solche erforderliche Akzeptanz durch die Mitarbeiter kann für die Zukunft leichter mit den folgenden Grundregeln erreicht werden:[183]

- rechtzeitig informieren,
- Notwendigkeit erklären,
- Betroffene einbeziehen,
- mit Verlierern fair umgehen,
- für neue Aufgaben qualifizieren, fortbilden,
- Veränderungsbereitschaft vorleben,
- Erfolge auf dem Weg feiern,
- Anreize schaffen.

Auch wenn erfahrungsgemäß viele Veränderungen im Kleinen stattfinden, bezogen auf jeden einzelnen Arbeitsplatz, so ist doch das Unternehmen als Ganzes, also die ganzheitliche Organisation, bei der Bewältigung der Change Problematik gefordert:[184]

- Wie geht die Organisation mit solchen Veränderungen um?
- Wann und wie werden sie bewältigt? Bzw. werden sie überhaupt bewältigt?

Führen sie zu Brüchen oder Konflikten, die einzelne Teams lahm legen?

Gleichzeitig stellen Veränderungen das Ergebnis großer strategischer Neuausrichtungen eines Unternehmens, so genannte strategische Wendepunkte dar. Es werden z.B. neue Märkte erobert, die Firma kauft ein anderes Unternehmen, neue Produkte oder Technologien werden eingeführt. Durch die geschilderten und weiteren Veränderungen sind viele, oft sogar alle Mitarbeiter der gesamten Organisation betroffen. Es bestehen auch hierbei große Risiken:[185]

- Wird der Veränderungsbedarf verstanden und akzeptiert?
- Werden die Mitarbeiter ausreichend motiviert?
- Ziehen die Mitarbeiter mit?
- Bewältigen sie die Umstellungen und neuen Aufgaben erfolgreich?

---

[183] Vgl.: http://www.business-wissen.de/de/baustein/bs412
[184] Vgl.: http://www.business-wissen.de/de/bausteinbs412
[185] Vgl.: http://www.business-wissen.de/de/bausteinbs412

Zur Verringerung des Risikos des Scheiterns wird beim künftigen Change Management ein schrittweises Vorgehen verlangt, welches an sich einfach ein logisches Vorgehen bedeutet und so oder ähnlich in jedem Projektmanagement System zu finden ist:[186]

1. Feststellen des Ist-Zustands.
2. Erkennen und Erfassen des Veränderungsbedarfs.
3. Initiierung der Veränderung.
4. Planung, Durchführung und Überwachung der Veränderung.
5. Nachbereitung der Veränderung.

Im Verlauf dieser Entwicklung wird das Taylorsche Management mit Hierarchie, Arbeitsteilung, starren Strukturen und stabil geordneten Umfeldern verdrängt durch die Dominanz des evolutionären, innovativen Managements mit flexibler Organisation, Selbstorganisation mit dem entsprechenden Lernbedarf aller Organisationsteilnehmer.[187] Dabei basiert die gelenkte Selbstorganisation auf der Führung durch Vorgabe eines Rahmens von Kultur und Struktur, innerhalb dessen die autonomen Arbeitsgruppen spontan handeln und entscheiden, den Vorteil des dezentralen Wissens, Lernens und der Gruppendynamik nutzen können. In diesem Rahmen sind Leistungsmotivation durch Selbstentwicklung und Selbstkontrolle von entscheidender Relevanz.

Dem künftigen Wandel unterliegt auch die Grundhaltung. Folglich kann sich ein Paradigmenwechsel ergeben, indem das alte Paradigma durch ein neues ersetzt wird. Dies kennzeichnet den Wechsel vom strategischen zum evolutionären Management.[188]

Gerade im evolutionären Wandel sind zahlreiche Determinanten für den Unternehmenserfolg entscheidend. Es geht dabei um das Zusammenwirken einer großen Vielzahl von Determinanten, u. a.:

- Marktgegebenheiten (inkl. der eigenen Position im Markt),
- Kapital,
- gewerkschaftliche Organisierung,
- Kapitalintensität,
- Produktionsprozesse,
- Unternehmensgröße bzw. Produktionsmengen,

[186] Vgl.: http://www.business-wissen.de/de/bausteinbs412
[187] Vgl.: Weisbord 2004: 75 ff., 199 ff.
[188] Vgl.: Servatius 1991

- Fähigkeiten des Managements sowie der Mitarbeiter und deren Motivation,
- Kompetenzverteilung,
- Organisation,
- Führung,
- Kultur,
- Kommunikation,
- Innovation,
- Information,
- Qualität,
- Service,
- Zuverlässigkeit,
- Sonstige.

Nach verschiedenen Untersuchungen[189] und den Ausführungen von Robert Waterman[190] zeichnen sich Spitzenunternehmen dadurch aus, wie ihre Organisation ausgerichtet ist. Entsprechend empfiehlt es sich, Unternehmen derart zu organisieren, dass sie den folgenden zwei Anforderungen genügen:

---

[189] Darunter McKinsey Global Institute unter Mithilfe von Robert Solow MIT.
[190] Vgl.: Waterman 1994

Abbildung 14: Anforderungen an die Organisation eines Spitzenunternehmens nach Robert Waterman[191]

1. Die Organisation muss den Bedürfnissen der Mitglieder besser gerecht werden. Als Konsequenz gewinnen sie bessere Mitarbeiter als die Konkurrenz. Die Mitarbeiter sind somit stets motiviert und leisten qualitativ hochwertige Arbeit, also Spitzenleistungen.   **[Anm. d. Verf.: Die MA sind also z.B. weniger krank, verursachen weniger Kosten, es kommt zu einer stärkeren Einbringung des Einzelnen, Ideen werden eingeflochten, KVP durch höheres Engagement ist möglich und geringere Fluktuation ist ein Nebeneffekt. Motivierte Mitarbeiter arbeiten effizienter und "vertrödeln" weniger Zeit = Gegensatz dazu: "Dienst nach Vorschrift".]**   **2. Hat die Organisation verstärkt den Bedürfnissen ihrer Kunden zu entsprechen. Die Organisation wird dadurch gängiger innovativ, ist auf die Vorwegnahme von Kundenbedürfnissen ausgerichtet. Dadurch entwickelt sich eine kontinuierliche und zuverlässige Erfüllung der Kundenerwartungen mit den entsprechenden Vorteilen.**

Auf dieser Basis müssen die Organisation und die Unternehmenskultur also auf die Bedürfnisse der Mitarbeiter und der Kunden ausgerichtet werden.

Auch künftig werden Veränderungen das Geschehen in der Wirtschaft und Gesellschaft bestimmen. Dabei stehen die meisten Veränderungsprozesse in enger Verbindung mit dem Phänomen der Globalisierung. Gerade im fortgeschrittenen I+K-Zeitalter[192], welches sich in der Zukunft mit unbekannter Dynamik fortsetzen wird, sind gut gemanagte Veränderungsprozesse die Grundvoraussetzung für den Unternehmenserfolg. Im Rahmen dieser Entwicklung sind bspw. Krisen zu überwinden, Fusionen, bei denen verschiedene Kulturen zusammenwachsen, sind zu begleiten, auf Veränderungen der Strukturen und Abläufe ist zu reagieren und diese sind bewusst und zweckgerichtet zu gestalten bzw. anzupassen.[193]

---

191 ebenda
192 Informations- und Kommunikationszeitalter
193 Vgl. http://www.kraus-und-partner.de/33/Was-ist-Change-Management

Das Change Management erfordert künftig einen bewussten „Steuerungsprozess, der die Veränderungen in einer Organisation auf formaler Ebene z. B. durch Änderungen der Aufbauorganisation und auf der Prozessebene z. B. durch Workshops für Mitarbeiter initiiert und steuert."[194]

Auf der Basis der evolutionstheoretischen Organisations- und Managementlehre ist das Management von Veränderungen an die Schaffung von innerbetrieblichen Rahmenbedingungen geknüpft, welche den Wandel in einer durch alle Beteiligten akzeptierten Form zulassen. Die Veränderung muss dabei als Herausforderung und vor allem als Chance aufgefasst werden, auf keinen Fall als Gefahr.

Die gesamte Organisation, also sowohl Management als auch Mitarbeiter, müssen lernen, mit den sich ändernden Bedingungen und Situationen richtig umzugehen. Dies erfordert die Bereitschaft zu ständigem Lernen und Umgestalten. Die Bewältigung des Wandels ist als Daueraufgabe zu betrachten.[195]

Somit befindet sich die gesamte Organisation, das Management und die Mitarbeiter, permanent in einem sich konstant verändernden Umfeld. Das Management steht vor der Aufgabe, diese Veränderungen professionell zu managen und den laufenden Betrieb so wenig wie möglich zu belasten, um auch in der Zukunft erfolgreich zu sein.[196]

Die Zukunft wird bestimmt sein vom Konzept der lernenden Organisation.[197] Dabei handelt es sich idealer Weise um ein System, das permanent in Bewegung ist. Hierbei werden Ereignisse im Sinne von Anregungen interpretiert und vor allem genutzt für Entwicklungsprozesse. Damit können die Wissensbasis und Handlungsspielräume ständig an die neuen Erfordernisse angepasst werden. Dies erfordert in der Zukunft eine offene und von Individualität geprägte Organisation, welche ein innovatives Lösen von Problemen zulässt und auch unterstützt. Die Mechanismen, welche künftig die relevanten Lernprozesse begünstigen, sind u.a.:[198]

- klare Visionen, gemeinsame Zielsetzungsprozesse, Orientierung am Nutzen der Kunden;

[194] Vgl. http://www.kraus-und-partner.de/33/Was-ist-Change-Management
[195] Vgl.: Weisbord 2004: 75 ff., 199 ff.
[196] Vgl. http://www.cb-entwicklung.com/portfolio_change_management.html
[197] Vgl.: Weisbord 2004: 75 ff., 199 ff.
[198] Vgl.: Frieling / Reuther 1993

- Kooperations- und Konfliktlösungsfähigkeit, wechselseitiges Vertrauen und Teamgeist;
- Prozessorientierung und Selbstregulation in Gruppen;
- demokratischer und partizipativer Führungsstil, Unterstützung neuer Ideen (vor allem durch die Führung), Ideenmanagement, Integration von Personal- und Organisationsentwicklung;
- Belohnung von Engagement und Fehlertoleranz bei riskanten Vorhaben;
- Fähigkeit zur (Selbst-)Beobachtung und Prognose, gut funktionierende Informations- und Kommunikationssysteme (ein rascher und genauer Überblick über die Wirkung der wichtigsten Prozesse).

„Die Orientierung der Organisationsentwicklung kann jedenfalls dazu anregen, sich nicht mit technokratisch inspiriertem Qualitätsmanagement zufrieden zu geben. Dazu ruft auch Schlüchtermann in seiner kritischen Bestandsaufnahme und Weiterentwicklungsperspektive zum Qualitätsmanagement [...] auf. Das technokratische Vorgehen führt auf Dauer sehr leicht in eine Sackgasse, da es die eigentlichen Quellen für Qualität nicht nachhaltig zu erschließen weiß: Begeisterung, Interesse, Kreativität aller Beteiligten. Organisationsentwicklung kann den Weg ebnen zu mehr Aufmerksamkeit für die kritische Durchleuchtung unserer Auffassungen, die unser Tun gleichsam als 'verborgene Lenker' steuern. Solange sie unentdeckt und unbesprochen wirken können, gilt: 'Je mehr sich verändert, desto mehr bleibt alles beim selben' (französisches Sprichwort).

Die Organisationsentwicklung kann uns weiterbringen auf dem Lernweg, den M.R. Weisbord skizziert: Von der Problemlösung durch Fachleute (Taylor 1900) zur gemeinsamen Problemlösung mit den Betroffenen (Lewin 1950), weiter zur Systemverbesserung durch Fachleute (1965) und im heutigen Jahrhundert die Herausforderung, gemeinsam [Anm. d. Verf.: i.S. v. der Gesamtorganisation mit allen Beteiligten] Systemverbesserungen zustande zu bringen.“[199]

Zusammenfassend kann gesagt werden, dass Unternehmen mit starren Strukturen und "unbeweglichen" Mitarbeitern (i.S.v. "wir haben das schon immer so gemacht"), die darüber hinaus, was Aus-/Vorbildung angeht, sehr homogen sind und zusätzlich noch eng abgesteckte Einsatzgebiete haben, immer stärker im Nachteil sein werden.

---

[199] Vgl.: Donnenberg

5.2 Change Management und Chaostheorie

Die Organisations- und Führungsansätze, welche in den 60er bis 80er Jahren des 20. Jahrhunderts entstanden sind, bauen auf Erkenntnisse der Kybernetik, der Systemtheorie und des Konstruktivismus auf, sowie auf evolutionären Prozessen als Leitbild für Erklärung und Gestaltung organisatorischen Wandels. Gemeinsam ist ihnen die Abwendung von der Annahme stabiler Rahmenbedingungen.

Auf der Basis der mathematischen Chaostheorie wurde in den letzten Jahrzehnten ein fraktales Modell der Evolution aufgebaut und abgeleitet.[200] Demnach ist die Evolution das gerichtete Wechselspiel zwischen den Polen Chaos und Stagnation, wodurch stets eine neue Vielfalt entsteht. Chaos bedeutet hier die maximale Vielfalt möglicher Wege. Somit besteht eine entscheidende Führungsaufgabe in der Gestaltung von Rahmenbedingungen für die Entwicklung und Förderung fraktaler Strukturen. Die Basis evolutionärer Führung liegt künftig in der gelenkten Selbstorganisation in fraktal strukturierten Netzwerken.[201] Die Erfolgsgrundlage innovativer, wissenserzeugender Unternehmen liegt somit in der Chaos-Akzeptanz. Die Chaos-Akzeptanz des Unternehmens bzw. der Mitarbeiter wird zum entscheidenden Wettbewerbsfaktor.[202]

Erfahrungsgemäß bedarf die mentale Überforderung vieler Manager im Unternehmen eines Führungskräfte-Coachings, um die subjektive Chaosvermeidung zu erhöhen. Innovative wissenserzeugende Untersuchungen wie bspw. Beratung in Software-Häusern erfüllen die nachfolgenden Anforderungen:[203]

---

[200] Vgl.: Servatius 1991: 74 ff
[201] Vgl.: Servatius 1994: 160
[202] Vgl.: Servatius 1994: 161
[203] ebenda

Abbildung 15: Anforderungen an innovative wissenserzeugende Unternehmungen[204]

1. Gezielte Verbindung von Internationalisierungsvorteilen mit den Flexibilitätsvorteilen kleiner, interdisziplinärer Teams. 2. Herstellung einer Balance zwischen der geistigen Heimat sämtlicher Mitarbeiter in Kompetenzzentren und bereichsübergreifenden Projekten. 3. Die Praktizierung eines lebenslangen Lernens durch den koordinierte Änderungen der Aufgaben. 4. Die Führungskräfte agieren als Coach und Führer. 5. Es wird das unternehmerische Handeln jedes einzelnen Mitarbeiters gefördert. 6. Es wird durch eine Sinn vermittelnde Kommunikation die Grundlage für echte Motivation geschaffen.

Künftig wird in innovativen wissenserzeugenden Unternehmen gelernt, wie sinnvoll mit Chaos umzugehen ist. Somit basiert evolutionäre Führung auf der direkten Steuerung des Mitarbeiterverhaltens. Dies bildet eine entscheidende Basis für das Management von Veränderungen.

5.3 Die Zukunft von Change Management und Organisationsentwicklung

Weil die in den vorherigen Kapiteln vorgebrachten Kritikpunkte vornehmlich aus einer systemtheoretischen Perspektive heraus formuliert wurden, ist man versucht, eine systemtheoretische Variante des Change Management als Alternative zum verhaltenstheoretisch geprägten Change Management vorzuschlagen. In der Tat existiert eine solche Variante, nämlich die systemische Intervention, als deren bekanntester Vertreter Rudolf Wimmer gelten darf[205]. Bei ihr geht es weniger um inhaltliche Beratung als um „Aufklärung und Deutungsangebote“[206]. Zu den verwendeten Techniken gehören moderierte Gruppengespräche und Netzwerkanalysen, also das originäre Repertoire der Organisationsentwicklung. Inwieweit sich die Praxis systemischer Intervention tatsächlich von derjenigen des (hyper)rationalistischen Change Managements unterscheidet, bleibt

[204] Bspw. für Software-Häuser und Beratung.
Vgl.: Servatius 1994: 161 und Peters 1993: 111 ff.
[205] Ahlemeyer & Köngiswieser 1998; Exner, Königswieser & Titscher 1987; Wimmer 1995
[206] Staehle 1999: 969

dahingestellt. Auch könnte man fragen, ob sich eine systemtheoretische Perspektive auf Organisationen, die die Bedeutung von Selbstorganisation und paradoxen Effekten betont, im Zusammenhang mit Intervention nicht von selbst verbietet, gerade weil Interventionen in sich selbst organisierenden Systemen nicht zielgerichtet möglich sind, ungerichtete Interventionen aber unvorhersehbare Effekte produzieren können, die die Situation (in) der Organisation verschlechtern können. Wenn es stimmt, dass Organisationen Interventionen im Rahmen des Change Management nachfragen, weil sie Krisen wahrnehmen, werden sie sich aber kaum von Interventionen überzeugen und leiten lassen, die möglicherweise die Krise durch die befürchteten unvorhergesehenen (Neben-) Effekte verschärfen. Daher sind - gelinde gesagt - Zweifel daran angebracht, dass die systemische Intervention eine Alternative zum (hyper)rationalistischen Change Management sein kann. Dies verweist auf die Frage, ob die Kluft zwischen Theorie und Praxis überhaupt überwunden werden kann.

Auf der Grundlage der Überzeugung, dass jede Organisationsberatung immer theoriegeleitetes Handeln ist, die Praxis also gar nicht anders kann als durch bestimmte Theorien von Zusammenhängen angeleitet zu sein, will Manfred Moldaschl seinen Ansatz der reflexiven Intervention ausarbeiten, den man als kritisch rationalistisch bezeichnen kann[207]. Die reflexive Intervention argumentiert „weder rein handlungstheoretisch noch rein systemtheoretisch [...], sondern [modelliert] das Verhältnis von Handeln und Institutionalisierung“[208]. Erklärungen, die bestimmte Zusammenhänge postulieren, werden immer wieder in Frage gestellt, und es wird nach den Prämissen gefragt, die ihnen zugrunde liegen, insbesondere was die eigenen Überzeugungen betrifft. Die Voraussetzungen und Grenzen des eigenen Wissens zu kennen und es dennoch in den Veränderungsprozess einzubringen, heißt für Moldaschl reflexiv zu sein. Damit sind Anweisungen zu einer „Best Practice“ durch externe Berater ausgeschlossen. Zurzeit ist es allerdings viel leichter anzugeben, was die reflexive Intervention ausschließt, als zu benennen, wie genau reflexive Intervention in der Praxis umgesetzt wird.

Letztlich muss man konstatieren, dass Change Management und Organisationsentwicklung in gleicher Weise den Anforderungen, die an sie ganz aktuell gestellt werden und dem Anspruch, den sie erheben, nicht gerecht werden. Daher steht am Ende dieser Arbeit ein eher kritischer Ausblick auf die Zukunft von Change Management und Organisationsentwicklung, denn, wie Rudolf Wimmer schreibt, es spricht wenig dafür, dass sich

[207] Kühl & Moldaschl 2001; Moldaschl 2001; 2001a
[208] Moldaschl 2001a: 163

Organisationsentwicklung und Change Management „dem brennenden Veränderungsdruck, dem sich Organisationen in ihren heutigen Umfeldern ausgesetzt sehen, wirklich stellen“[209] werden. So gesehen könnten die beiden Ansätze (so man sie immer noch separat beurteilen will) letztlich am Fehlen dessen scheitern, was sie zu ihrem Gegenstand gemacht haben: der **eigenen** Fähigkeit, Wandel zu gestalten, bzw. sich selbst, theoretisch und praktisch, an den Wandel anzupassen.

[209] Wimmer 2003: 28

6 Wohin geht die Reise?

In vielerlei Hinsicht unterscheidet sich die heutige Welt von der, als die Organisationsentwicklung geboren wurde. Aus diesen Gründen hat sich auch diese Disziplin des gesteuerten Wandels weiterentwickelt. Es kam das Change Management, welches, genau betrachtet, dasselbe Prinzip jedoch mit Veränderter Umwelt darstellt. Doch, -und das ist auch die Grundlage beider Ansätze-, die Entwicklung der Voraussetzungen und der Organisationen reißt nicht ab.

Nach einigen Versuchen, das Change Management als „heutige Beratungsform" und Weiterentwicklung einer nicht mehr ausreichenden Organisationsentwicklung darzustellen[210], frage ich mich, ob ein neuer Begriff gewählt werden muss, um neue Prinzipien auszudrücken und der moderne Geschäftswelt gerecht zu werden. Das Change Management der 80er Jahre des 20. Jahrhunderts hat nichts mit den Anforderungen an eine moderne Art, Wandel zu gestalten, zu tun. Der Unterschied zwischen den heutigen Gegebenheiten, mit denen sich eine Organisation bei der Weiterentwicklung konfrontiert sieht und den damaligen, als das Change Management aufkam, ist ebenso groß wie der Sprung von der Welt der Organisationsentwicklung zum Change Management.

Doch wie sieht die heutige Welt aus? Das durchschnittliche Mitglied einer (deutschen) Organisation ist Teil einer hoch entwickelten „kollektiven Intelligenz", es kann auf umfassende Kommunikation und weitläufige Vernetzung zurückgreifen. Nahezu jede Information und Beratungsleistung ist sofort verfügbar. Die Rechte des Einzelnen werden im Gegensatz zu früher stark berücksichtigt, sofern es um Wandel geht. Motivation, Selbstbild und persönliche Ziele des Mitarbeiters spielen eine nie da gewesene Rolle. Technik und Kapitalverflechtungen entwickeln sich exponentiell. Trends und Konjunktur sind nicht nur lokal, regional oder national von großem Einfluss, sondern sind unbedingt auf europäischer, transatlantischer, oder globaler Ebene zu berücksichtigen. Der Arbeitsmarkt hat europäische bzw. globale Ausmaße erreicht. Entwicklungen in Osteuropa, im nahen Osten, China, Russland, Japan oder auf den US-Amerikanischen Finanzmärkten wirken sich unmittelbar auf uns aus.

Im krassen Gegensatz dazu stehen die alt hergebrachten Paradigmen der Wirtschaftswelt: Veraltete Strukturen und Prozesse, veraltete Machtverhältnisse und veraltetes Gewinndenken, in dem eine Dividende zur nächsten Hauptversammlung oftmals wichtiger ist als

[210] Vgl. : Kulmer / Trebesch 2004

eine langfristige, erfolgreiche Strategie[211]. Im gleichen Zuge haben viele Unternehmen die kritische Grenze zum „nicht mehr zu führen" überschritten. Entsprechend der „selbstorganisierten Kritikalität" [212] ist der Tropfen, der das Fass zum Überlaufen bringt, gefallen. Die alleinige Größe der Organisation bedingt beim Mitarbeiter ein Denken in „Clustern" (z.B. „meine Region", „meine Abteilung", „mein Team" etc.), da ein ganzheitliches Erfassen aller Zusammenhänge, Vorgänge und Prozesse von einem Menschen nicht mehr geleistet werden kann[213]. Aber genau dieses ganzheitliche Erfassen ist notwendig, um eine Organisation richtig und zweckmäßig zu steuern und zu entwickeln. Doch statt für die Organisation in seiner Gesamtheit wird zugunsten des eigenen „Clusters" gehandelt. Beispiele dafür gibt es genug; Daimler (bzw. ehemals DaimlerChrysler), Ergo, EADS und Lufthansa sind nur vier Konzerne aus meiner persönlichen Erfahrung, in denen „die rechte Hand oft nicht weiß, was die Linke tut". Besonders stark waren die „Cluster" bei EADS ausgeprägt, was auf die jeweiligen nationalen Interessen der beteiligten Länder zurück zu führen ist.

Auch zukünftig ist es Aufgabe des Change Management (und der Organisationsentwicklung), diese angesprochene kognitive Dissonanz zu überbrücken. Der Wille einem gemeinsamen Ziel, ausgedrückt durch Vision, Mission und Objectives, entgegen zu streben, muss mit einem gemeinsamen Handeln zusammen gebracht werden, was sich nicht mehr nur am eigenen „Cluster" orientiert. Organisches Wachstum und stärkere Autonomie der einzelnen Systembestandteile begünstigen hier die Veränderungsfähigkeit; selbstverständlich widerspricht dies nicht einer intelligenten Zielsetzung und Steuerung durch die übergeordnete Instanz. Eine Organisation als Gesamtheit in ihrem Wandel zu unterstützen, muss die verschiedenen Strömungen, Ziele, die unterschiedliche Motivation

---

[211] Bei Letzterem liegt auch m. E. eine entscheidende Ursache der Finanzkrise 2008, welche durch den Druck der Finanzinstitute, immer höhere Renditen bieten zu müssen, um sich kurzfristig gegen den Wettbewerb und auf dem Aktienmarkt durchzusetzen, bedingt ist. Höheren Output erkauft man durch höheres Risiko, welches dann auf gefährliche Weise eingegangen wurde.

[212] Sobald eine Organisation aus einer bestimmten Anzahl von Mitarbeitern, Komponenten, Abteilungen etc. besteht, kann eine einzelne Führungskraft diese intellektuell nicht mehr erfassen. Bisweilen geschieht das Überschreiten der „kritischen Größe" auch individuell, wie beim Wechsel von der Gründergeneration zu einer Geschäftsführergeneration. Wenn z.B. ein Unternehmensgründer ausscheidet und einem bestellten Geschäftsführer das Feld überlässt, ist die Wahrscheinlichkeit sehr hoch, dass dieser aufgrund seiner geringeren Verbindung/Motivation die Gesamtheit des Unternehmens nicht so gut und komplett erfassen kann wie sein Vorgänger.
Vgl. : http://de.wikipedia.org/wiki/Selbstorganisierte_Kritikalit%C3%A4t

[213] Die angesprochene Anforderung verdoppelt sich sogar, wenn man vom reinen „Management" den Teil der „Menschenführung" hinzunimmt, der für die Entwicklung der Organisation immanent ist: Nicht nur Zusammenhänge, Strukturen und Prozesse sind ganzheitlich zu erfassen, sondern auch die Motivation, die Ziele und Voraussetzungen unter den Mitarbeitern.

und die individuellen Beweggründen der Mitarbeiter einbeziehen. Genau hier liegt der Schwerpunkt des heutigen und zukünftigen Change Management. Doch wie sieht das konkret aus? Hier möchte ich zwei Dinge besonders hervorheben:

Der erste Schritt muss hier sein, sich selbst als „Change Agent" weiter und besser zu qualifizieren. Es scheint, dass viele Unternehmen Entscheider in wichtigen Positionen haben, die für die Aufgabe nicht richtig qualifiziert sind. Change in dem hier behandelten Sinne erfolgreich umzusetzen, ist kein Prozess-Reengineering. Es wird keine Produktion und keine Methode optimiert. Es handelt sich dabei um direkte Arbeit mit Menschen, ist also ein Führungsthema. Allerdings wird in Deutschland immer noch ein Großteil der Führungskräfte anhand der Fachkenntnisse/-qualifikation ausgewählt[214], was im absoluten Gegensatz zu den Erfordernissen des modernen Change Management steht.

Moderne Führungskräfte müssen nach ihrer Befähigung im Bereich Führung ausgewählt werden. Dies beinhaltet, in zweiter Instanz, die Unternehmensziele, sowie die Ziele für Change Projekte, entsprechend intelligent setzen zu können. Die Zielfindung ist mit zunehmender Größe des zu bewältigenden Wandels immer wichtiger. Z.B. scheitert eine Vielzahl an Mergers & Acquisitions bereits vor dem Vertragsschluss. Bereits in der Unternehmens(teil)bewertung werden Fehler gemacht, was die Auswirkung einer schlechten Vorbereitung und Durchführung des Wandels angeht. So verflüchtigt sich der ermittelte Unternehmenswert viel schneller als angenommen, weil die Beurteilung der Auswirkungen und Umsetzung des revolutionären Veränderungsschritts einer Fusion nicht der Realität der Veränderungsfähigkeit der Organisation entspricht; interessanter Weise der Aufgehenden, wie oftmals auch die der Aufnehmenden. Dies wirkt sich in der Regel in starker Fluktuation und Umsatzeinbrüchen aus (siehe dazu auch vorherige Kapitel). Als Folge werden evtl. wichtige Change Projekte abgebrochen um Kosten zu sparen, was die Krise natürlich nur noch verstärkt.

Über der Befähigung der einzelnen Führungskräfte und Manager, diese strategischen Ausblicke zu erlangen, steht die Summe der qualifizierten „Change Agents", die die personelle Befähigung einer Organisation, sich weiter zu entwickeln ausmacht. Nicht zu vergessen ist die Gesamtheit der Mitarbeiter, welche grundsätzlich mit flexiblen Jobs und vielfältigen Anforderungen wandlungsbereiter und -fähiger sind als starr auf ein Thema/Tätigkeit ausgebildete und eingeschworene.

[214] Vgl.: Zielke 2007

Der zweite Schritt ist die Nutzung moderner „intelligenter Netzwerke" um den Querschnitt der Mitarbeiter besser „einfangen" zu können. Diese Technik[215] ermöglicht die direkte Beteiligung und Mitbestimmung einer größeren Mitarbeiterzahl an Entscheidungsprozessen. So kann die „Stimmung" innerhalb der gesamten Organisation erfasst werden. Ist die Mitarbeiterschaft insgesamt Änderungen aufgeschlossen, oder ist man eher ängstlich etc., was Auskunft über die Befähigung der Change Teilnehmer zur Weiterentwicklung gibt.

Außerdem können weit über 100 Teilnehmer in einem Netzwerk befragt werden und, entsprechend moderiert, Ergebnisse erarbeiten. Dies geht über eine einfache Kommunikation des anstehenden Changes hinaus und bedeutet eine direkte Mitarbeit, was sich signifikant vom traditionellen „Top-Down" hierarchisch geführter Unternehmen, oder dem „Bottom-UP" mancher Großveranstaltung zur Zielfindung unterscheidet.

Hier ist besonders wichtig, dass "Einbeziehen" Wertschätzung bedeutet, man ist selbst beteiligt, es wird nicht "im Elfenbeinturm" über mich entschieden. Ängste werden genommen, Multiplikatoren geschaffen. Stimmung und Wille zum Mitmachen werden verbessert. Im Sinne der Veränderungsfähigkeit einer Organisation ist Motivation und "Wille zum Mitmachen" das wichtigste Element. Befähigungen können im Verlauf der Veränderungen geschaffen werden.

Insgesamt hat sich die grundsätzliche Aufgabe und Tätigkeit des Change Management nicht geändert: Führung, Kommunikation, Nutzung der modernen Technik und von neuesten Forschungserkenntnissen, sowie sinnvolles Projektmanagement, gepaart mit zweckmäßigem Krisenmanagement.

Es muss also kein neuer Begriff gefunden werden, der ein aktuelles Konzept für Planung und Durchführung von Wandelprojekten beschreibt. An erster Stelle steht aber nicht mehr allein die erfolgreiche Beendigung eines Change Projektes, sondern der Wille und die Fähigkeit der Organisation zur Veränderung. Konkret heißt dies, die Veränderungsfähigkeit zu entwickeln. Wie bereits in den vorigen Kapiteln angesprochen, bedeutet dies, Führungskräfte richtig auszuwählen und einzusetzen, die Gesamtheit der Mitarbeiter aus-/weiterzubilden, Diversifikation schaffen, eine Atmosphäre zu schaffen, die (in gewissem Maße) Fehler zu Weiterentwicklung zulässt und Wandel begünstigt. Somit wird also ein (potentieller) "großer Schritt" in bestimmten Zeitintervallen in der Entwicklung durch

[215] Vgl.: die beispielsweise durch das bremer Unternehmen nextpractice angeboten wird, www.nextpractice.de

"viele kleine Schritte", die ständig stattfinden, abgelöst. Der Stress für das gesamte System wird verringert. Diese „Change Capability" ist die wichtigste Eigenschaft einer Organisation im 21. Jahrhundert, und diese auszubauen rückt in den Mittelpunkt von Beratung und Change Management. Es geht sozusagen zurück zur Organisations-Entwicklung.

Literatur / Quellenangaben

Achilles-Kuhnhardt, Susanne, 2006: Personalentwicklung und Change Management, KIBNET – Jahrestagung 2006, Ismaning, PPI Consulting Group, Handout.

Ahlemeyer, Heinrich W. & Königswieser, Roswita (Hrsg.), 1998: Komplexität managen. Strategien, Konzepte und Fallbeispiele, Wiesbaden, Gabler.

Al-Ani, Ayad & Gattermeyer, Wolfgang, 2000: Entwicklung und Unsetzung von Change-Management-Programmen. In: Gattermeyer, Wolfgang/Al-Ani, Ayad (Hrsg.): Change Management und Unternehmenserfolg: Grundlagen, Methoden, Praxisbeispiele, Wiesbaden, Gabler, S. 13-40.

Argyris, Chris, 1990: Overcoming Organisational Defences: Facilitating Organisational Learning. Boston, Allyn & Bacon.

Argyris, C. / Schön, D., 1978: Organizational Learning.

Ashby, W. Ross, 1968: Principles of Self-Organizing Systems. Pp. 108-118 in Buckley, Wiliam (ed.): Modern Systems Research for Behavioral Scientist. Chicago, Chicago University Press.

Baer, M. / Frese, M., 2003: Innovation is not enough: Climates for initiative and psychological safety, process innovation and firm performance. Journal of Organizational Behavior, 24, S. 45-68 in: Elke, Gabriele: Veränderung von Organisationen (Organisationsentwicklung).

Baron, James N. & Kreps, David M., 1999: Strategic Human Resources. Frameworks for General Managers. New York, John Wiley.

Beck, Arthur C. & Hillmar, Ellis D., 1976: Making M.B.O./R. Work, Adison-Wesley, Reading.

Becker, Horst & Langosch, Ingo, 1995: Produktivität und Menschlichkeit: Organisationsentwicklung und ihre Anwendung in der Praxis, 4. Auflage, Stuttgart, Enke.

Beckhard, Richard, 1967: The Confrontation Meeting. In: Harvard Business Review, 45, 2, S. 149-155.

Beer, Michael & Nohria, Nitin, 2000: Cracking the Code of Change. Harvard Business Review, 78, 3, S. 133-141.

Bendixen, Peter, 1980: Der theoretische und pragmatische Anspruch der Organisationsentwicklung. DBW, S. 187-203.

Bennis, Warren G., 1966 Changing Organizations, New York, McGraw-Hill.

Berger, L. P. / Luckmann, T., 1980: Die gesellschaftliche Konstruktion der Wirklichkeit. Frankfurt / a. M.

Bohn, Ursula & Kühl, Stefan, 2004: Beratung, Organisation und Profession – Die gescheiterte Professionalisierung in der Organisationsentwicklung, systemischen Beratung und Managementberatung, Wiesbaden, VS Verlag für Sozialwissenschaften, S. 57-77.

Booz/Allen/Hamilton, 2004: Ten Guiding Principles of Change Management. Datei: guiding_ princples. Pdf.

Braun-Thürmann, Holger, 2005: Innovation. Bielefeld, transcript Verlag.

Burnes, Bernard, 2004: Emergent Change and Planned Change – Competitors or Allies? The Case of XYZ Construction. International Journal of Operations & Production Management, 24, 9, S. 886-902.

Conner, Daryl R., 1993: Managing at the speed of change. NY, Villard Books.

Donnenberg, Otmar: Qualitätsmanagement ist Veränderungsmanagement, o.J.: Was heißt das praktisch? Action Learning Consultancy, Herenlaan 27, NL3701 Zeist Niederlande.

Doppler, Klaus / Lauterburg, Christoph, 1995: Change Management. Den Unternehmenswandel gestalten. Frankfurt a.M., Campus Verlag.

Doppler, Klaus / Lauterburg, Christoph, 2005: Change Management. Campus Verlag.

Edgar H. Schein, 2003: Organisationskultur.

Eigner, Martin, 2006: Warum scheitern PDM/PLM Projekte so häufig — und wie kann man das verhindern? PLM Perspektive, Band 2, Ausgabe 1,Agile Software Corporation.

Elke, Gabriele, o.J.: Veränderung von Organisationen (Organisationsentwicklung), Lehrstuhl Arbeits- und Organisationspsychologie, Ruhr-Universität Bochum, Datei organisationsentwicklungge.pdf, S.4.

Emery, Charles, Summers, Timothy P. & Surak, John G., 1996: The Role of Organizational Climate in the Implementation of Total Quality Management. In: Journal of Managerial Issues, 8 (4), S. 487-496.

Exner, Alexander/Königswieser, Roswita/Titscher, Stefan, 1987: Unternehmensberatung – systemisch. Theoretische Annahmen und Interventionen im Vergleich zu anderen Ansätzen. In: Die Betriebswirtschaft, 47, S. 265-284.

Faulhaber, Reimar & Winterling, Klaus, 1995: Veränderungsmanagement im Tagesgeschäft, in: io Management Zeitschrift, 64 (12), S. 68-71.

Fay, D. & Lührmann, H, 2004: Current themes in organizational change. European Journal of Work and Organizational Psychology, 13/2004, S. 113-119. in: Elke, Gabriele: Veränderung von Organisationen (Organisationsentwicklung).

Fernis, Jörg, 2006: Change Management in der IT. VDM Verlag Dr. Müller.

Flower, Joe, 1995: Future Search: A Power Tool for Building Healthier Communities A Conversation With Marvin Weisbord, The Healthcare Forum Journal, vol. 38 no. 3.

Foerster, Heinz von, 1993: Wissen und Gewissen. Versuch einer Brücke, Frankfurt a.M., Suhrkamp.

Frei, Felix, Hugentobler, Margrit, Alioth, Andreas, Duell, Werner & Ruch, Luzian, 1996: Die kompetente Organisation, 2. überarbeitete und erweiterte Auflage. Stuttgart, Schäffer-Poeschel.

French, W. / Bell, C.,1995, in: Nüssel, Michaela, 2000: Reorganisation, Business Reengineering, Organisationsentwicklung und Lernende Organisation als Ansätze organisatorischer Gestaltung, Univ. Erlangen, S. 28.

Frieling, E. / Reuther, U. (Hrsg.), 1993: Das lernende Unternehmen. Dokumentation; Fachtagung 6. Mai 1993 in München. (Reihe: Studien der betrieblichen Weiterbildungsforschung), Bochum.

Gebert, Diether & Rosenstiel, Lutz von, 1996: Organisationspsychologie, 4. Auflage, Stuttgart, Kohlhammer.

Geissler, Harald, 1996: Vom Lernen in der Organisation zum Lernen der Organisation. S. 79-96 in: Sattelberger, Thomas (Hrsg.): Die lernende Organisation: Konzepte für eine neue Qualität der Unternehmensentwicklung. Wiesbaden, Gabler.

Gigerenzer, Gerd & Goldstein, Daniel G., 1996: Reasoning the Fast and Frugal Way: Models of Bounded Rationality. Psychological Review, 103 (4), S. 650-669.

Grässle, Anton A., 1993: Quantensprung: Durch Veränderungsmanagement zur Unternehmensidentität. München, Beck.

Greif, Siegfried, Runde, Bernd, Seeberg, Ilka & Hergenhahn, Stephan/Grothmann, Torsten, 2001: Erfolg und Misserfolg von Veränderungsprojekten. Projekt-Schlussbericht (Langfassung), Osnabrück http://www.psycho.uni-osnabrueck.de/fach/aopsych/Downloads/EM/Schlussbericht.pdf

Hammer, Michael, 1990: Re-engineering Work: Don't Automate, Obliterate. Harvard Business Review, November/December, S. 119-131.

Hayek, Friedrich A. von, 1969: Freiburger Studien, Tübingen, J.C.B. Mohr

Hug, Margot, 1999: Organisationskultur - Veränderung , was ist das? Chefbeamtenseminar der kantonalen Verwaltung Aargau, Auszüge aus dem Referat von Marhot Hug, Referat - Veränderung Organisationskultur, S.1-3.

Janes, Alfred / Primmer, Karl/ Schulte-Derne, Michael, 2001: 1. Zwischen Organisationsentwicklung und Change Management, Kap. A I Begriffe und Bausteine, Transformationsmanagement, Springer, Wien , New York, S.4.

Kahneman, Daniel, Slovic, Paul &Tversky, Amos (Hrsg.), 1982:. Judgment under Uncertainty: Heuristics and Biases. Cambridge, Cambridge University Press.

Knoblauch, Thomas, 1996: Wie kommt das Neue in die Unternehmung? S. 127-152 in: Kappler, Ekkehard & Knoblauch, Thomas (Hrsg.): Innovation – Wie kommt das Neue in die Unternehmung. Gütersloh, Verlag Bertelsmann Stiftung.

Kobi, Jean-Marcel, 1996: Management des Wandels: Die weichen und harten Bausteine erfolgreicher Veränderung, 2. überarbeitete Auflage. Bern, Haupt.

Kosiol, E., 1962: Organisation der Unternehmung, Wiesbaden.

Kotter, John, 2006: Das Pinguin-Prinzip. Wie Veränderung zum Erfolg führt. Verlag Droemer / Knaur.

Kraus, Georg, Becker-Kolle, Christel & Fischer, Thomas, 2004: Handbuch Change-Management. Steuerung von Veränderungsprozessen in Organisationen. Einflussfaktoren und Beteiligte. Konzepte, Instrumente und Methoden. Berlin, Cornelsen.

Kühl, Stefan, 1999: Change Management in der Rationalitätsfalle. Organisationsentwicklung, 2, S. 76-84.

Kühl, Stefan & Moldaschl, Manfred (Hrsg.), 2001: Organisation und Intervention. Ansätze für eine sozialwissenschaftliche Kritik und Fundierung der Beratung. München, Hampp.

Kulmer, Ulla, Trebesch, Karsten, 2004: Der kleine Unterschied und die grossen Folgen, in: OrganisationsEntwicklung 4_04.

Lawrence, Paul R. & Lorsch, Jay W., 1967: Organization and Environment. Managing Differentiation and Integration. Cambridge, Harvard University Press.

Lewin, Kurt, 1947: Frontiers in Group Dynamics. Human Relations, S. 1, 5-41, 98-103.

Lippitt, Ronald, 1974: Von der Trainingsgruppe zur Organisationsentwicklung oder wie verändert die Mikrodynamik die Makrostruktur? Gruppendynamik 3, S. 270-282

Litke, Hans-Dieter, 2004: Projektmanagement. Methoden, Techniken, Verhaltensweisen, 4. überarbeitete und erweiterte Auflage. München, Carl-Hanser-Verlag.

Luhmann, Niklas, 2000: Die Politik der Gesellschaft. Frankfurt a.M., Suhrkamp.

Luhmann, Nikla, 1997: Organisation und Entscheidung. Opladen, Westdeutscher Verlag.

Luhmann, Niklas, 1994: Die Wissenschaft der Gesellschaft, 2. Auflage. Frankfurt a.M., Suhrkamp.

Lüthy, Martin, 1988: Unternehmenskrisen und Restrukturierungen, Bern: Haupt.

Masaaki, Imai, 1994: Kaizen – der Schlüssel für die japanische Überlegenheit im Wettbewerb. München, 6. Aufl.

Mattauch, Christine, 2011 in: Handelsblatt v. 27.01.2011, Nr. 19, Seite 18: "Keine Angst vor dem Fehler".

McKelvey, B. / Aldrich, H., 1983: Populations, natural selection and applied organizational science. In: ASQ 28-1983, S. 101-128.

Montada, M. L., 1970: Lernpsychologie Jean Piagets, Stuttgart.

Moldaschl, Manfred, 2001: Reflexive Beratung. Eine Alternative zu strategischen und systemischen Ansätzen. S. 133-157 in: Degele, Nina, Münch, Tanja, Pongratz, Hans J. & Saam, Nicole (Hrsg.): Soziologische Beratungs-forschung. Perspektiven für Theorie und Praxis der Organisationsberatung. Opladen, Leske + Budrich.

Moldaschl, Manfred, 2001a: Implizites Wissen und reflexive Intervention. Zur Theorie der organisationalen Lernresistenz und des geplanten Wandels. S. 135-186 in: Senghaas-Knobloch, Eva (Hrsg.): Macht, Kooperation und Subjektivität in betrieblichen Veränderungsprozessen, Münster, LIT.

Müller, Rainer, 1986: Krisenmanagement in der Unternehmung. Vorgehen, Maßnahmen und Organisation, 2. Auflage. Frankfurt, Lang.

Mumford, Michael D., 2000: Managing Creative People: Strategies and Tactics for Innovation. Human Resource Management Review 10 (3), S. 313-351.

National Training Laboraties NTL, 1968: News and Reports from NTL.

Nüssel, Michaela, 2000: Reorganisation, Business Reengineering, Organisationsentwicklung und Lernende Organisation als Ansätze organisatorischer Gestaltung, Friedrich-Alexander-Universität Erlangen-Nürnberg, Seminararbeit WS 1999/2000, S.15

Nutt, P. C., 2004: Organizational De-development. Journal of Management Studies, 41, S. 1083-1103, in: Elke, Gabriele: Veränderung von Organisationen (Organisationsentwicklung)

Oelsnitz von der, Dietrich., 1999: Marktorientierter Unternehmenswandel. DUV-Verlag, Habil.

Paton, Robert A. & McCalman, James, 2006 : Change Management: A Guide to Effective Implementation. London, Sage.

Peterke, Jürgen, 2006: Wie Changeprojekte garantiert scheitern. Personalmagazin 8/2006, S. 64-65.

Probst, Gilbert, Raisch, Sebastian, 2005: Organizational Crisis: The Logic of Failure. Academy of Management Executive, 19 (1), S. 90-105.

Reiss, Michael, 1997: Change Management als Herausforderung. S. 5-30 in: Reiss, Michael, von Rosenstiel, Lutz & Lanz, Annette (Hrsg.): Change Management. Programme, Projekte und Prozesse. Stuttgart, Schäffer-Poeschel.

Rogers, Carl R., 1974: Encounter-Gruppen. Das Erlebnis der menschlichen Begegnung, München, Kindler.

Rohm, Armin, Oktober 2006: Change Tools. Erfahrende Prozessberater präsentieren. Verlag ManagerSeminare.

Rosenstiel von, Lutz, 2003: Grundlagen der Organisationspsychologie.

RWTH-Aachen, 2005/2006: Agenda, Kommunikation und Organisation, 2. Vorlesung, Zentrum für Lern- und Wissenschaftsmanagement, Vorlesungsskript S.14-19.

Sauser, William I., Jr., 1999: Staying Sane in An Ever Changing World. Pp. 199-221 in: Sims, Ronald R. & Veres, John G. (eds): Keys to Employee Success in Coming Decades., Westport, Greenwood.

Schein, Edgar H., 1964: The Mechanism of Change. Pp. 362-378 in: Bennis, Warren, Schein, Edgar H., Steele, Fred I. & Berlew, David E.. (eds): Interpersonal Dynamics. Homewood, Dorsey.

Schein, Edgar H. & Bennis, Warren G., 1965: Personal and Organizational Change Through Group Methods: The Laboratory Approach. New York, Wiley.

Scholz, Jörg M., 1995: Internationales und interkulturelles Change-Management: Deutungen und Bedeutungen einer Begriffswelt in Gesellschaft, Management und Unternehmenspraxis. In: Scholz, Jörg M. (Hrsg.): Internationales Change-Management: Internationale Praxiserfahrungen bei der Veränderung von Unternehmen und Humanressourcen. Stuttgart, Schäffer-Poeschel.

Schreyögg, Georg, 1999: Organisationsentwicklung – quo vadis? In: Organisationsentwicklung 3, S. 76-79.

Schreyögg, Georg & Noss, Christian, 1995: Organisatorischer Wandel: Von der Organisationsentwicklung zur lernenden Organisation. In: Die Betriebswirtschaft, 55 (2), S. 169-185.

Schuh, Guenther, Benett, Stefan, Müller, Mathias & Tockenbürger, Lüder, 1998: Europäisches Change-Management. Von der Strategie bis zur Umsetzung prozessorientierter Organisationen. io Management Zeitschrift, 67 (3), S. 22-29.

Seashore, Charles & Van Egmond, Elmer, 1961: The Consultant-Trainer Role. Pp. 660-666 in: Bennis, Warren G., Benne, Kenneth D. & Chin, Robert D. (eds): The Planning of Change, NewYork: Holt, Rinehart and Winston.

Servatius, H. G., 1991: Vom strategischen Management zur evolutionären Führung – Auf dem Wege zu einem ganzheitlichen Denken und Handeln, Stuttgart.

Servatius, H. G., in: zfo 3/1994: Evolutionäre Führung in chaotischen Umfeldern, S. 160.

Sievers, Bernhard, 1978: Organisationsentwicklung als Aktionsforschung. Zeitschrift für Organisation 4, S. 209-218.

Staehle, Wolfgang H., 1999: Management: eine verhaltenswissenschaftliche Perspektive. München, Vahlen.

Stoker, J. I., Looise, J. C., Fischer O. A. M. & de Jong, R. D., 2001: Leadership and Innovation: Relations between Leadership, Individual Characteristics and the Functioning of R&D teams. International Journal of Human Resource Management 12 (7), S. 1141-1151.

Streich, Richard K., 1997: Veränderungsprozessmanagement. S. 238-254 in: Reiss, Michael, Rosenstiel, Lutz von & Lanz, Annette (Hrsg.): Change Management. Programme, Projekte und Prozesse. Stuttgart, Schäffer-Poeschel.

Stutz, Hans-Rudolf, 1991: Beratungsstrategien. S. 189-215 in: Hoffmann, Michael (Hrsg.): Theorie und Praxis der Unternehmensberatung: Bestandsaufnahme und Entwicklungsperspektiven. Heidelberg, Physica.

Tacke, Veronika, 1997: Systemrationalisierung an ihren Grenzen – Organisationsgrenzen und Funktionen von Grenzstellen in Wirtschaftsorganisationen. In: Schreyögg, Georg/Sydow, Jörg (Hrsg.): Managementforschung 7. Berlin, de Gruyter.

Taylor, Frederick Winslow, 1911: The Principles of Scientific Management, Harper.

Ten Berge, D., 1989: Crash Management, Düsseldorf.

Thom, Norbert, 1997: Management des Wandels. Grundelemente für ein differenziertes und integriertes „Change Management". Die Unternehmung, 51 (3), S. 201-214.

Thom, Norbert, 1996: Management des Wandels. Grundelemente für ein differenziertes und integriertes „Change Management". Akademische Rede, vorgelegt zum dies academicus am 7. Dezember 1996. S. 5-16 in: Universitätsleitung Bern (Hrsg.): Jahresbericht der Universität Bern für das Studienjahr 1995/96.

Thom, Norbert, 1992: Organisationsentwicklung. S. 1477-1491 in: Frese, Erich (Hrsg.): Handwörterbuch der Organisation, 3. Auflage. Stuttgart, Schäffer-Poeschel.

Türk, K., 1989: Neuere Entwicklungen in der Organisationsforschung. Stuttgart, S. 58-61.

Univ. Regensburg: Change Management, SS 2004: Fb. Wirtschaftswissenschaften, Universität Regensburg, Skript S. 1-4.

Vahs, Dietmar, 2003: Organisation. Einführung in die Organisationstheorie und -praxis, 4., vollständig überarbeitete und erweiterte Auflage. Stuttgart, Schäffer-Poeschel.

Waterman, R., 1994: Die neue Suche nach Spitzenleistungen.

Weisbord, Marvin R., o.J.: Produktive Arbeitsplätze Revisited: Würde, Bedeutung, und der Gemeinschaft im 21. Jahrhundert, Abstract.

Weisbord, Marvin R., 1987: Productive Workplaces; Organizing and Managing for Dignity, Meaning, and Community. JB Jossy-Bass Publishers, S. 12 ff.

Weisbord, Marvin R., 2004; Productive Workplaces Revisited / Marvin R. Weisbord Publisher (Imprint) San Francisco : Jossey-Bass, c2004. Edition 2nd ed., (Chapters 1, 2, 4: Lewin: The Practical Theorist, Chapter 5: The Learning Organization: Lewin's Legacy to Management).

Weisbord, Marvin, R., 1976: Organizational Diagnosis; Six Places to Look for Trouble with or without a Theory. Group & Organization Studies 1, 4 (December 1976), 430-447.

Wette, Carsten, 2006: Wertschöpfung durch Wertschätzung, Zitat von Monika Rühl, Leiterin der Abteilung „Change Management und Diversity" Lufthansa AG, Freie Universität Berlin, Publikation Tagesspiegel vom 15.04.2006.

Wette, Carsten, 2006: Wertschöpfung durch Wertschätzung, Zitat von Anita Rowe, amerikanische Diversity-Beraterin und Autorin, Tagung >Rethinking Diversity< März 2006, Freie Universität Berlin, Publikation Tagesspiegel vom 15.04.2006.

Wimmer, Rudolf, 2003: Hat die Organisationsentwicklung ihre Zukunft bereits hinter sich? Universität Witten/Herdecke: Wittener Diskussionspapiere, Heft 125.

Wimmer, Rudolf, 1999: Wider den Veränderungsoptimismus. Zu den Möglichkeiten und Grenzen einer radikalen Transformation von Organisationen. Soziale Systeme 5, 159-180.

Wimmer, Rudolf, 1995: Was kann Beratung leisten? Zum Interventionsrepertoire und Interventionsverständnis der systemischen Organisationsberatung. S. 59-111 in: Wimmer, Rudolf (Hrsg.): Organisationsberatung. Neue Wege und Konzepte. Wiesbaden, Gabler.

Wüthrich, Hans A, /Osmetz, Dirk & Phillipp, Andreas F., 2002: Stillstand in Wandel: Illusion Change Management, Herrsching: Gellius Verlag.

Zand, Dale E. &Sorensen, Richard E., 1975: Theory of Change and the Effective Use of Management Science. Administrative Science Quarterly, 20 (4), 532-545.

Zielke, Christian, 2007: Die häufigsten Managementfehler, Haufe Verlag.

Internetadressen

http://www.4managers.de/themen/change-management/, letzter Abruf 16.11.2007

http://www.business-wissen.de/de/baustein/bs299/, letzter Abruf 16.11.2007

http://www.business-wissen.de/de/baustein/bs412/, letzter Abruf 08.11.2007

http://www.cb-entwicklung.com/portfolio_change_management.html, letzter Abruf 16.11.2007

http://www.marvinweisbord.com/sixboxmodel.html, letzter Abruf 16.11.2007

http://www.kraus-und-partner.de/33/Was-ist-Change-Management, letzter Abruf 16.11.2007

http://www.unternehmen-im-netz.com/nds/osnabrueck/wilsum/unternehmen.htm 4Managers: Change Management – Wandel ist machbar, letzter Abruf 16.11.2007

http://www.4managers.de/themen/change-management/, letzter Abruf 16.11.2007

http://www.emeraldinsight.com/content_images/fig/0400210202005.png letzter Abruf 17.08.2011

www.nextpractice.de & http://www.nextpractice.de/fileadmin/PDF/Fallbeispiele/RWEManagementCampus/management-training-RWE_05-2004.pdf, letzter Abruf 04.08.2009

http://ida.ch/index.htm, letzter Abruf 16.11.2007
RWTH-Aachen: www.zlw-ima.rwth-aachen.de/lehre/vorlesungen_uebungen/kommunika tion_und_orga2/download/vorlesung_141105.pdf, letzter Abruf 04.06.2009

http://www.zlw-ima.rwth-aachen.de/lehre/vorlesungen_uebungen/kommunikation_und_orga2/download/change_management.pdf, letzter Abruf 05.06.2009

http://www.psycho.uni-osnabrueck.de/fach/aopsych/Downloads/EM/Schlussbericht.pdf, letzter Abruf 16.11.2007

http://de.wikipedia.org/wiki/Selbstorganisierte_Kritikalit%C3%A4t, letzter Abruf 12.08.2009 http://www.zlw-ima.rwth-aachen.de/lehre/vorlesungen_uebungen/kommunikation_und_orga2/download/vorlesung_141105.pdf, letzter Abruf 12.08.2009

http://www.wirtschaftslexikon24.net/d/complex-man/complex-man.htm, letzter Abruf 28.7.2009

http://www.nzz.ch/finanzen/nachrichten/jetzt_firmen_kaufen_1.742938.html, letzer Abruf 19.07.2011

W0248519

José Lenzini

CAMUS et L'ALGÉRIE

ÉDISUD

Pour Shun, le petit être qui s'en vient...
En partage de l'Algérie et de Camus.

ÉDISUD, UN ÉDITEUR DE LA COMPAGNIE DES ÉDITIONS DE LA LESSE
Tél. 04 42 21 61 44 – Fax 04 42 21 56 20
www.edisud.com – info@edisud.com

ISBN 978-2-7449-0851-4
© Édisud, Compagnie des éditions de la Lesse, Aix-en-Provence, 2010.
Tous droits réservés.

CHAPITRE I

Aux racines du quartier pauvre

Comme le faisait remarquer son maître Jean Grenier, « Pour parler d'Albert Camus, il aurait fallu d'abord parler de l'Algérie – non pour "l'expliquer" par son pays – mais parce que des traits de son caractère ne peuvent se comprendre que par là »[1]. Ce pays est omniprésent dans l'œuvre et dans la vie de Camus...

Entre l'Algérie et Camus s'est instauré un intense et interminable dialogue. Souvent heureux. Parfois difficile et même désespéré... D'une rive à l'autre de la Méditerranée.

En 1994, la publication du manuscrit inachevé auquel il travaillait au moment de sa disparition venait éclairer d'une lumière encore plus forte l'œuvre de celui qui resta attaché à ses racines, fidèle à lui-même. Le *Premier Homme* sera le dernier ouvrage de Camus. Celui dont le manuscrit de cent quarante-quatre pages, griffé d'une plume fiévreuse et pressée, fut trouvé dans sa sacoche, le 4 janvier 1960, alors qu'il venait de trouver la mort dans un accident de voiture. Il s'agit d'un récit autobiographique dédié à ces gens pauvres et humbles dont il avait su hériter du bonheur des justes et de la morale des simples. Dans ses ultimes chapitres qui attestent une fécondité littéraire propre à pérenniser la grande œuvre engagée, Camus rend hommage à ces gens simples qui étaient ses proches. Eux qui avaient vécu dans le renoncement et la pauvreté.

1. J. Grenier, *Albert Camus, souvenirs.*

De 1914 à 1940, durant vingt-sept ans, il y vécut. À Belcourt (jusqu'à l'âge de dix-sept ans), puis dans le centre d'Alger. On peut s'étonner de la distinction faite pour un quartier faisant partie intégrante de la capitale. Mais la différence existe. À cette époque, la capitale se resserre autour des rues d'Isly et Michelet et des hauts quartiers du Telemly, d'El-Biar et d'Hydra. À l'ouest, le Champ de Manœuvres (un vaste terrain militaire désaffecté) marque une frontière. Au-delà, c'est Belcourt, puis le Hamma et le Ruisseau. De petits employés, des artisans, des tonneliers et des ouvriers habitent ici. À l'ouest, au-delà de la place du Gouvernement et dans le prolongement de la rue Bab-Azoun, se trouve Bab-el-Oued, quartier populaire et truculent où l'accent est encore plus marqué, où les traditions se perpétuent jusque par le truchement de la fable et de *Cagayous*, fils de la Cantère.

De son enfance et de son adolescence à Belcourt, Camus parle longuement dans *L'Envers et l'endroit*, publié dès 1937 chez le jeune éditeur algérois Edmond Charlot. Les nouvelles constituant ce livre sont largement autobiographiques. On y trouve déjà quelques-uns des grands thèmes et des préoccupations de l'homme et du créateur.

La famille Camus vit au 93 de la rue de Lyon, l'artère principale de ce « quartier pauvre » (ainsi nommé par Camus), dans un petit appartement situé au premier étage et n'offrant qu'une lumière parcimonieuse et un confort bien sommaire. Trois pièces et une cuisine, pas d'électricité ni d'eau courante, les toilettes sont sur le palier et – comme dans bien des appartements simples d'alors – il n'y a pas de chauffage, ni de salle d'eau. On se lave dans le *lévier* de la cuisine.

C'est par un hasard forcé que le jeune Albert vit dans ce modeste logement. Né le 7 novembre 1913 à Mondovi (aujourd'hui Dréan), il aurait dû y grandir et y passer son adolescence. En effet, son père est ouvrier caviste chez *Ricôme et Fils* qui possèdent un vaste domaine viticole. Mais, en juillet 1914, Lucien Camus devra quitter son épouse Catherine et leurs deux enfants : Lucien (trois ans) et son cadet Albert qui n'a alors que quelques mois. Comme le petit dernier souffre de troubles oculaires, il est décidé de quitter Mondovi pour la capitale où les soins seront de meilleure qualité. La famille rejoint Belcourt où la grand-mère peut les accueillir provisoirement. Le temps que le père revienne de la guerre. Pour l'heure, il lui faut rejoindre le « premier zouave ». Mais, blessé dès le début du conflit, il meurt à Saint-Brieuc, et Albert ne connaîtra de lui que quelques rares confidences de sa mère. Il lui faut se contenter d'une photo, dans laquelle il

La ferme Saint-Paul à Mondovi, lieu de naissance d'Albert Camus

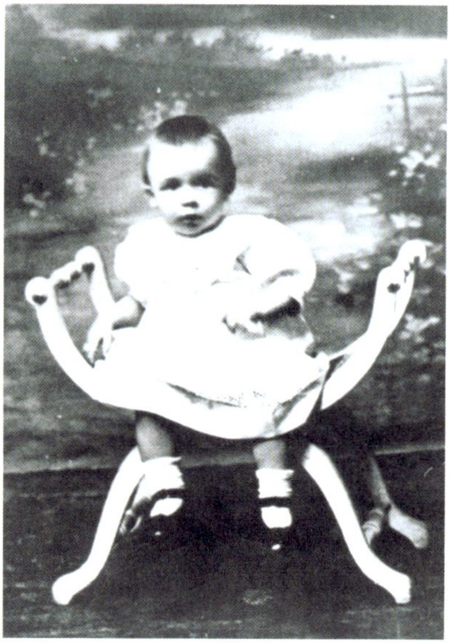

Albert Camus, enfant

La rue de Lyon

retrouve une certaine ressemblance, et du cadre doré renfermant la croix de guerre et un parchemin jauni exaltant les mérites de celui qui est mort pour la patrie. « L'hôpital a encore envoyé à la veuve un petit éclat d'obus retrouvé dans les chairs. La veuve l'a gardé, il y a longtemps qu'elle n'a plus de chagrin »[2] ou qu'elle s'y est habituée… L'appartement de la rue de Lyon deviendra leur lieu de vie définitif car la mère est trop pauvre pour offrir un autre hébergement à sa famille.

Ils ne sont pas moins de cinq à vivre dans le trois-pièces. Outre la mère qui partage une chambre avec ses deux enfants, Albert et Lucien, il y a aussi l'oncle Étienne qui couche dans une autre chambre. Il est quasiment muet et il travaille à la tonnellerie du quartier. On le retrouvera dans une nouvelle de *L'Exil et le royaume*, intitulée "Les muets". Il joue maladroitement d'une flûte en roseau fabriqué de ses mains et dont il tire une mélodie simple… Juste quelques notes.

2. *L'Envers et l'endroit*, p. 60.

Personnage central et autoritaire, la grand-mère maternelle dispose de sa propre chambre. Elle n'est pas d'un commerce facile avec les autres membres de la famille et « fait l'éducation des enfants avec une cravache. Comme elle a tendance à s'emporter et à frapper fort, mais que personne n'ose s'interposer, sa fille lui dit : « Ne frappe pas sur la tête »[3]. Les enfants savent que même si elle n'est pas très énergique en pareil cas, leur mère « les aime bien. Elle les aime d'un égal amour qui ne s'est jamais révélé à eux »[4].

École, promenade, évasion… Au fil du parcours montent des parfums d'habitude. Ceux de la tonnellerie dont les copeaux soustraits à la douve, sous le ciseau ou le rabot, portent jusque sur les hauteurs du quartier une senteur de bois humide, de goudron, d'étoupe et de feu. Selon les caprices du vent, quelques embruns apportent leur goût de sel ou l'appétissante

Albert Camus à la tonnellerie

3. *Op. cit.*, p. 60.
4. *Op. cit.*, p. 60.

odeur du pain encore chaud dont le boulanger vient de sortir sa dernière fournée. Un fort arôme de café grillé fuse de l'usine de torréfaction ; il occulte tout autre senteur, y compris celle des oranges de la distillerie de *l'Amer Picon* entassées en immenses pyramides devant les portails de l'usine. Ailleurs, c'est un mélange de miel et d'huile bouillante qui porte chacun à saliver... Dans sa minuscule échoppe carrelée de blanc et vert le marchand de beignets, *makrouts* et *zlabias*, soigne la présentation, sur de larges plateaux de cuivre, de ses alléchantes friandises. Leur cabas à bout de bras, quelques femmes font leur marché, s'interpellent, conversent. Les enfants se poursuivent, musette à l'épaule ou virevoltant d'un bras à l'autre. Premiers contacts, premières promesses... d'évasion ou de *donnades*... Car on a le sang chaud et le verbe haut. Alors, parfois, le ton monte ; à l'invective succède l'agression. Et quand on ne peut pas en découdre dans la cour, on prend rendez-vous pour la fin d'après-midi, après l'école... À l'intérieur d'un ring improvisé entre les cartables posés à terre, les deux protagonistes peuvent *se régler leur compte* devant leurs petits camarades qui les encouragent du geste et de la voix.

De retour à la maison, il y a parfois quelques commissions à faire. On va chez le *moutchou* dont la boutique, envahie de grands sacs de jute et de cartons, de bidons et de bocaux, sent un curieux mélange d'épices, de poivre, de jasmin et de pétrole.

Puis on s'installe sur la table de la cuisine pour faire ses devoirs et apprendre ses leçons. Sitôt que l'encrier, le plumier, les livres et les cahiers sont rangés, c'est l'évasion dans de rares livres d'aventures empruntés à la bibliothèque du quartier. On compte et on recompte ses noyaux d'abricots extirpés un à un de ces petits sacs de toile dans lesquels est vendu le riz. Il faut de l'adresse pour tirer de cinq ou six mètres sur un petit tas fait de de quatre noyaux d'abricots et le détruire. Chacun son tour... Celui qui *casse le tas* le premier remporte tous les noyaux tirés.

On les garde précieusement d'une année sur l'autre et on en fait troc ou commerce. Il en va de même pour les billes dont les agates et les *plombées* sont d'autant plus prisées qu'elles sont rares.

Le jeudi après-midi, on joue également aux osselets, à la *canette vinga*, au cerf-volant ou aux roseaux. D'autres fois, à l'écart des rues passantes, on trace à la craie, à même le sol, une sorte de grand serpent de quelques centimètres de large : le circuit. Avec quelques pichenettes du doigt, il convient de faire avancer des capsules de bière ou de limonade dans ce circuit encombré de pièges et prisons de toutes sortes. Bien moins compliqué mais tout aussi long qu'une partie de bridge !

Certains jours, on se laisse aller à l'appel du soleil et on fonce en bande vers la mer. Généralement, on se baigne à Oursinville, aux Sablettes ou aux Abattoirs. Quand on n'a plus le temps, on s'accroche aux butées d'un tram ou à l'arrière d'une charrette pour se faire transporter, à moindres frais, jusqu'au môle du port.

La plage des Sablettes

« C'était la grande fraternité ; nous partagions le peu que nous avions », témoigne un des proches de Camus de cette époque. Mais le partage ne se fait souvent qu'entre Européens. Non pour des raisons de ségrégation, comme on pourrait être tenté de le croire. Mais, dans cette grande ville, les gens vivent par quartiers. Dans Belcourt même, on trouve peu d'Arabes. Ils habitent au-dessus du quartier du Marabout dans des conditions souvent bien plus précaires que les plus pauvres des Européens. La plupart d'entre eux s'entassent dans le grand bidonville de Mahieddine. Ouvriers sans qualification, quand ils ne sont pas au chômage, ils travaillent au port ou dans les manufactures du quartier. Leurs enfants sont plus rares que ceux des Européens à fréquenter l'école (les listes des élèves de l'époque et le taux de scolarisation en attestent). Les gamins des différentes communautés se croisent plus qu'ils ne se rencontrent. Les pauvretés sont diverses, et s'ignorent malgré leur aspiration commune à la plénitude dans la communion avec une nature généreuse. Elles coexistent souvent avec une forme de fierté et de pudeur réciproques, un respect de l'autre misère… Même si les contacts ou les échanges entre les diverses familles ne manquent pas, notamment à l'occasion des fêtes, il n'existe pas de véritable union entre les deux communautés, au point que les mariages mixtes restaient rarissimes.

À cette époque, l'Algérie est française. C'est indubitable : Albert et ses camarades de classe savent tout de l'économie des départements métropolitains, de nos ancêtres les Gaulois, des différentes sources de nos fleuves et partout flotte le drapeau tricolore. À Belcourt, cependant, on parle plus couramment le maltais, l'espagnol et l'italien ou le *pataouète* que l'arabe. C'est le fait des échanges de la vie courante. Y compris chez les commerçants et avec les indigènes – nécessité faisant loi – qui ont tous adopté le français, même quand ils sont analphabètes.

Pas de ségrégation ou de rejet. Les petits indigènes font partie de ces grandes échappées vers la mer ou les jeux quotidiens. Il n'y a aucune différence, pas d'acrimonie particulière. Les rapprochements sont fréquents à l'occasion de parties de football endiablées. On a la même passion pour le ballon rond et l'on s'y adonne avec une joie et une exaltation peu communes. Souvent la balle fait défaut. Qu'importe ! Une boule de vieux chiffons et de papier fait aussi bien l'affaire.

Ce sont autant de plaisirs simples et gratuits dans cet univers où l'hiver est comme une courte parenthèse pour attendre le prochain été avec ses lumières et ses bonheurs renouvelés. Bien que les journées soient plus courtes, les jours semblent s'allonger. Plus que jamais, « c'est le soir que l'heure est triste et qu'il y a une sorte de désir vague dans le ciel sans lumière »[5]. Il n'en va pas de même aux beaux jours dans ce quartier où l'on vit en famille. Camus n'oubliera pas les soirs d'été : « Les ouvriers se mettent au balcon. Chez lui, il n'y avait qu'une toute petite fenêtre. On descendait alors des chaises sur le devant de la maison et l'on goûtait le soir. Il y avait la rue, les marchands de glace à côté, les cafés en face et les bruits d'enfants courant de porte en porte. Mais surtout, entre les grands ficus, il y avait le ciel. Il y avait une solitude dans la pauvreté, mais une solitude qui rend son prix à chaque chose »[6].

Le jeune Camus se souviendra longtemps de ces merveilleuses nuits d'été – qui s'annoncaient dès les premiers jours de mai pour ne s'effacer que devant un tardif hiver « où crépitaient des étoiles »[7]. Oubliés alors la pauvreté, l'appartement gris dont une lampe à pétrole éclairait les murs sombres de sa flamme ronde et tremblotant. Oubliés, quand, « les yeux levés, il buvait à même la nuit pure »[8].

5. *Op. cit.*, p. 56.
6. *Op. cit.*, p. 58-59.
7. *Op. cit.*, p. 59.
8. *Op. cit.*, p. 59.

Certains jours, le souper se résume à un bol de café au lait et à quelques tartines chichement beurrées. Pas de télévision, pas de radio... juste les bruits qui montent de la rue, évoquant des images et des couleurs recomposées dans le mutisme de l'appartement familial, car, Albert Camus l'évoque dans *Le Premier Homme*, « [...] puisque cette maladie de jeunesse l'avait laissée (il s'agit de la mère) sourde et avec un embarras de parole [...].

Quand les soirées sont un peu froides, on fait une flambée d'alcool dans une vieille boîte de conserve. Chacun emmagasine un maximum de calories autour de la flamme bleue et orangée... Puis on se blottit très vite sous les couvertures. La pluie tombe à verse sur le pavé gras. Demain, on enfilera l'imperméable usé, un grand cache-col et des chaussettes de laine tant de fois ravaudées. En guettant le soleil qui reviendra avec ses flots de bonne lumière.

Si tout va bien, Albert deviendra instituteur comme Monsieur Germain. Et peut-être bien qu'un jour il sera maître à l'école Chazot. En attendant, pour céder à un caprice de la grand-mère, et parce qu'il faut bien faire comme les autres, le petit Albert fera sa communion. D'évidence, il met beaucoup moins d'entrain à suivre les cours de catéchisme que ceux de M. Germain. Et, s'il fait sa communion, ce rapide passage à l'église n'entamera pas son doute métaphysique. Pour l'heure, deux univers se côtoient en un même lieu... Celui de la rue, avec le bouillonnement d'une pauvreté ensoleillée et généreuse, qui fait contraste avec l'aphasie qui règne dans l'appartement exigu et sans confort ouvrant sur une sombre cour. Camus vit dans un dénuement de mots avec sa mère qui, en plus d'être analphabète et sourde, s'exprimait rarement du fait d'une locution difficile, à peine compréhensible, même pour ses proches. La plage, le soleil, une nature généreuse sont autant de promesses inépuisables...

— Bébert, on va *s'taper* un bain ?
— Et l'école ?
— *Macaoura* on fait…
— *Awah*… les *calbotes* qu'on se prend si la *ouela* elle le sait !
— Alors, on avance et tu fais *figa*… Allez ! *Fais fissa*…

Albert Camus en premier communiant
École communale de la rue Aumerat, aujourd'hui

La joyeuse bande longe le haut mur blanc du grand cimetière musulman du Marabout, dépasse l'église Saint-Pierre-du-Hamma avant de traverser le Jardin d'Essai.

« Et *vinga* ! »

Les gamins dévalent les grands espaces verts de l'immense Jardin botanique situé à la limite est du quartier, tout près du grand stade municipal. C'est un curieux mélange d'aventure et d'appréhension de traverser cette jungle un peu féerique où les bruissements des arbres, les plaintes d'oiseaux exotiques ou des singes prisonniers de leurs cages redonnent vie aux pages un peu jaunies ou écornées des romans d'hiver et du cours de géographie. Robinson surgirait au détour d'un chemin qu'on serait à peine étonné. À moins que Livingstone ne le précède et n'entraîne d'un signe de la main la joyeuse bande vers cette île mystérieuse dont Albert connaît, bien sûr, la secrète voie d'accès. Ils sont sûrement là, entre les palmiers immenses qui convoitent le ciel, tout près de gigantesques ficus et de magnolias aux bras

Le Jardin d'essai

végétaux tendus vers leurs larges fleurs de porcelaine blanche. Les gosses chantent, crient, s'apostrophent pour gommer les dangers de leurs aventures intrépides.

Au bas de la grande allée, il suffit de franchir la voie de chemin de fer puis la route moutonnière pour se retrouver sur la plage des Sablettes. D'autres fois, on longe la grande nationale jusqu'à hauteur des abattoirs pour rejoindre la plage de l'Arsenal. C'est selon l'humeur du jour. Ou alors, pour la seule joie d'affronter les troupeaux de moutons qui rejoignent le port d'Alger ou les abattoirs, encombrant la circulation sur plusieurs kilomètres, dans un bêlement continu.

À peine sur le sable, chacun se déshabille. Et tout de suite « À la mer ! La mer enfin, la mer libre, l'eau qui lave »[9]. C'est aussitôt le merveilleux frisson dans ce contact brusque et direct avec l'eau un peu froide qui vous repousse pour mieux glisser ensuite, plus douce et caressante, le long du corps, s'en retournant pour revenir très vite en vous étreignant de son flux et de son ressac. Larges feux d'artifice, gerbes d'écume projetées vers le ciel et recrachées en perles irisées par un soleil glouton. Effleurement de la vague et du vent, brûlure du sel qui s'avive sous la chaleur et la lumière. Enivrement de ce déchirement d'eau se mêlant à celui des mouettes moqueuses qui lancent leurs miaulements en tourbillonnant au-dessus des baigneurs. Douce oppression de solitude et de silence dans ces moments suprêmes où l'écolier s'enfonce lentement vers des abysses qu'il faut deviner avant que le souffle ne se fasse trop court et ne vous rappelle à la surface.

« La mer : je ne m'y perdais pas, je m'y retrouvais. »[10]

D'ici montent des volutes de silence opaque chargées d'iode et de goudron. De plus loin s'en reviennent quelques appels de sirènes et de cornes. Renversés vers le ciel, immobiles, bras et

9. *Œuvres complètes*, coll. La Pléïade, tome 1, p. 225.
10. *Carnets*, II, p. 290.

jambes écartés, paupières closes et offertes au soleil généreux qui y dessine des arabesques de bleu, d'ocre et de mauve, on attend sans mot dire. Dix fois, vingt fois on retourne à l'eau. On franchit la vague, on la provoque avec des mimiques de matador. De tête ou en *pantcha*, chaque plongeon doit être bruyant et agité. Dès l'enfance, s'instaure une sorte de compétition entre la mer et l'homme. Une jouissance pleine ne souffrant pas la retenue. C'est pourquoi *on se tape un bain* avec suffisamment de bruit et d'attitudes démonstratives pour exprimer sa joie, son partage démesuré et généreux. Puis chacun se laisse couler sur le sable, plaqué par un soleil lourd et bienfaisant. Sous le regard rasant, la plage se fait encore plus vaste à force de faibles vallonnements qui donnent à l'espace une allure de désert aux dunes mouvantes. Quelques empreintes glissées trahissent le passage d'insectes qui, sous le regard-loupe, prennent des allures de monstres invincibles. À l'image du bousier face à sa proie : une crotte de mouton portée par le vent sur le sable... Il se cale sur elle, l'enserre de ses pattes robustes, la déplace de gauche à droite, se laisse glisser derrière puis prend appui pour tenter de la hisser, de la faire rouler vers l'inaccessible cime d'une vaguelette sablonneuse s'effritant sous la pénible ascension. Le végétal rocher est retombé. Le bousier s'en ressaisit, l'arrime sous ses pattes antérieures, s'arc-boute et imprime à sa proie une nouvelle poussée tout aussi inopérante. L'enfant est plus préoccupé par l'effort du coléoptère que par sa laideur.

Il pousse. Pousse encore. Son rocher remonté au faîte de la butte retombe encore. Et même s'il parvient à passer l'obstacle, le bousier roulant avec sa proie sur l'autre face du monticule se doit d'en franchir un autre. Puis un autre encore. Comme si cet exercice ne devait jamais avoir de fin. Il a disparu dans sa lourde progression. Tout s'immobilise. Et Sisyphe s'éloigne, lui que l'enfant ne connaît pas encore. Alors, sous le soleil, dans la morsure du sel, « le corps seul est généreux »[11] et Albert aimerait que ce jour n'en finisse plus. Moment irremplaçable et comme fixé à cette nature qui offre alors le meilleur d'elle-même dans sa quiétude ou dans les débordements qu'elle prodigue à chacun de ces gamins, pour qui la communale n'est qu'une très pâle réalité de la vie. Le retour au quartier se fait dans une confusion ponctuée de grands coups de musette assénés à la volée, de courses ou de haltes au cours desquelles on fait valoir ses qualités au *tchic-tchic*, à la *canette vinga* ou aux noyaux d'abricots. On se crache dans les mains pour effacer les traces de sel sur les sourcils et les cheveux – un peu d'encre violette sur la première phalange du médius. On est fin prêt pour son entrée sur la rue de Lyon…

Belcourt vit dans une sorte d'autarcie, avec ses commerces, ses boutiques et ses usines employant la plupart des hommes qui ne travaillent pas à la distillerie de l'*Amer Picon* ou à l'usine d'allumettes. On habite au « quartier pauvre ». On y travaille. On s'y côtoie entre gens simples et forts en gueule, sensibles et généreux. Une sorte de pudeur et de respect (de soi et de l'autre) font qu'on ne se dit rien des choses profondes de la vie, de l'affection ou de l'amitié. On y substitue les expressions hautes en voix et en couleurs.

Au centre de cette vie simple subsiste « un soleil invincible »[12].

Belcourt, ce n'est pas tout à fait la Cantère de Bab-el-Oued. Ici, le brassage est plus large. On y perpétue cette même forme d'exaltation de l'homme, favorisée par un climat permettant à chacun de vivre souvent en tricot de peau soulignant son corps, son bronzage, sa musculaire vitalité. Dans les rues chaudes qui descendent vers la mer, sur les nombreux terrains vagues, les conflits trouvent leurs solutions et on n'hésite pas à *se donner le compte* avec force poing ou savate… Mais on a sa morale;

---

11. *Carnets*, I, p. 206.

12. *Œuvres complètes*, coll. La Pléïade, tome 2, p. 1339.

simple mais inaliénable : on ne frappe pas un homme à terre et *on ne manque pas à sa mère*. On sait distinguer le bien du mal en toute simplicité, même si on s'en arrange à l'occasion…

Cette morale marquera Camus sa vie durant. Ainsi, son ami Jean de Maisonseul se souvenait qu'il lui avait dit un jour, à Paris : « Ici, c'est pas des hommes ! », avec cet accent retrouvé pour la circonstance.

Quand un *misquine* ou un *louette* passe dans la rue, menottes aux mains, encadré par deux gendarmes, on baisse la tête pour feindre de ne pas le reconnaître, tout en maugréant contre la maréchaussée. Faute de biens matériels ou de richesse, on vit au contact permanent de la nature et de ses variations. Le seul profit de l'existence, c'est d'en profiter pleinement, de la vivre intensément… On brûle sa vie par les deux bouts car il n'est rien d'autre qui vaille d'être vécu : « La richesse sensuelle dont un homme sensible de ce pays est pourvu, il n'est pas étonnant qu'elle coïncide avec le dénuement le plus extrême. »[13]

Liberté, nature prolifique et généreuse, hommes prodigues de leur vie jusque dans l'inutile. Ici, peu de costumes et de cravates, mais une volonté de vivre intensément, au contact de ce soleil omniprésent qui place en chaque syllabe cet accent incomparable. C'est le lot commun de ce peuple faisant contre mauvaise fortune grand cœur et s'employant à vivre « sans religion et sans idoles (et qui) meurt seul après avoir vécu en foule »[14].

À Belcourt, le jeune Camus connaît une enfance et une adolescence heureuses, car il vit « dans la gêne mais aussi dans une sorte de jouissance »[15]. Certes, il est un peu plus réservé que ses camarades d'école ; il perçoit peut-être déjà, même confusément, une nécessité de trouver sa propre pente dans ce monde où l'on brûle sa vie comme pour en oublier le [non]sens. Cette vie bruyante et colorée l'exalte et le rassure.

---

13. *Noces*, p. 34.

14. *Op. cit.*, p. 43.

15. *L'Envers et l'endroit*, p. 14.

Cependant, il supportera de plus en plus difficilement la pauvreté du quotidien, cet appartement sombre où l'on vit sans livres, sans table de travail, sans espace. Néanmoins, il y fait son apprentissage du silence. En lui s'installe lentement cette « confrontation entre l'appel humain et le silence déraisonnable du monde »[16].

Dès l'âge de sept ans, il s'essaye à peindre toutes les images qui se heurtent à lui, avec les mots de la communale. Il aime s'exprimer par le biais des rédactions, mais également dans de petits textes qui constituent ses prémices.

Comment dire alors ces émotions nées au contact de la nature ? Elles sont si fortes et tellement importantes qu'elles provoquent en lui plus d'émois et d'interrogations que d'autres en trouvent dans les églises ou au catéchisme. Elles éveillent chez le jeune Albert cette plénitude qu'il ne peut trouver que dans ses « évangiles de pierre, de ciel et d'eau ». Il voudrait dire alors sa communion intense avec la lumière, la plage, les paysages et, par là même, avec lui-même et avec les autres. Il voudrait exprimer sa mystique du silence face à l'intensité de ses souvenirs figés, se métamorphosant, se déchirant irrémédiablement pour renaître sous le caprice d'un seul rayon de soleil. Déjà confronté à la fatalité d'un dieu, il reste méfiant. Habité de nature, il veut vivre chaque moment avec l'intensité d'une vie. Dès son adolescence, il prend conscience de son intégration au monde, de cette unité sans laquelle l'être file vers le néant. Comme il l'écrit dans *Noces* : « Mer, campagne, silence, parfums de cette terre, je m'emplissais d'une vie odorante et je mordais dans le fruit déjà doré du monde, bouleversé de sentir son jus sucré et fort couler le long de mes lèvres. Non, ce n'était pas moi qui comptais, ni le monde, mais seulement l'accord et le silence qui de lui à moi faisaient naître l'amour. »[17]

16. *Le Mythe de Sisyphe*, p. 45.
17. *Noces*, p. 21.

Avant de tendre vers l'unité platonicienne, Camus aura été cet enfant de Belcourt en contact avec la nature, la mer, les bonheurs et les aléas du quotidien. Découvrant la puissance et les merveilles de l'esprit, il n'en oubliera pas pour autant la prédominance du corps, la nécessité de le mettre en harmonie avec ce monde, renvoyant à chaque homme sa propre image dans celle de l'autre. Plus tard, ses détracteurs tenteront de réduire cette morale camusienne à la dimension d'une culture naturaliste. La postérité leur donne tort et l'universalité de la pensée de Camus ne cesse de s'affiner dans l'alternance de l'ombre et de la lumière tout autant qu'au zénith de ce « midi le juste » invoqué par Paul Valéry. Sous la poussière de vieilles théories, tant de penseurs semblent ignorer de la vie cette jouissance du quotidien, de l'instant : on aspire à plonger tête la première dans ces pages où Camus sait parler des noces entre les hommes et la nature, où il ne rougit pas des plaisirs simples de cette innocence retrouvée – juste un instant irremplaçable – au détour d'un parfum, d'une silhouette, d'un paysage, d'une couleur… « La vraie générosité envers l'avenir consiste à tout donner au présent »[18].

Le vertigineux silence de l'appartement de Belcourt est au moins favorable à la réflexion, à l'attente, aux rêves que vient distiller la lecture d'illustrés, de livres d'aventure ou des leçons d'histoire enseignées par ce bon M. Germain, l'instituteur de l'école de garçons de la rue Aumerat que fréquente Albert.

Durant la semaine, c'est le train-train quotidien de la classe. Pour se rendre à l'école, il prend une partie de la rue de Lyon avant de descendre sur la droite en direction de la « communale ». Quelques voitures à chevaux brinquebalent sur les pavés dans un fracas de tôles et de bois. Des hommes, vêtus pour la plupart d'un bleu de chauffe, s'interpellent, hurlant pour couvrir le tintamarre de la circulation, rehaussé par le hoquet des

18. *L'Homme révolté*, p. 376.

tramways qui glissent sur leurs rails électriques qui les guident dans leurs pérégrinations.

Camus est un bon élève, assidu et appliqué; il est souvent en tête du classement mensuel, quelquefois deuxième. Il aime sa vie d'écolier, son travail, et s'y consacre entièrement, de tout cœur. Parfois, son regard croise celui de son maître et semble y percevoir l'affection qu'il a su s'attirer. Cette affection est d'ailleurs décelée par ses camarades qui, un jour de plus grande confiance, disent: « Camus est le chou-chou du maître! » Ce dernier explique que leur camarade est orphelin de guerre et a droit, de ce fait, de la part de son instituteur, à un peu plus de sollicitude que ceux qui ont, eux, la chance d'avoir encore leur papa. La leçon est comprise.

En fin d'année, Madame Camus va voir l'instituteur de son fils et lui explique, avec les difficultés d'élocution qui sont les siennes, qu'Albert doit interrompre ses études pour aller en apprentissage à la tonnellerie. M. Germain essaye de la convaincre des bonnes dispositions de son fils. Il lui répond qu'il serait regrettable qu'il n'aille pas au collège. À l'argument financier selon lequel la famille ne pourrait subvenir aux frais des études, l'instituteur répond que l'élève, étant orphelin de guerre, peut bénéficier d'une bourse... Il l'a d'ailleurs inscrit pour le concours des boursiers. Devant les atermoiements de Mme Camus, l'enseignant franchit le pas: il viendra en parler à la grand-mère dont il sait qu'elle tient les cordons de la bourse et qu'elle représente l'autorité. Peine perdue! L'aïeule

Catherine Sintes, mère d'Albert Camus

se cabre, ne voyant pas pourquoi nourrir quelqu'un qui est en âge de travailler et peut ainsi participer à l'économie familiale. M. Germain essaye de la convaincre. En vain. La vieille campe sur ses positions... Jusqu'au moment où, contre toute attente, la mère d'Albert s'interpose et exige que son fils puisse avoir cette instruction dont aucun des membres de la famille n'a pu bénéficier. La grand-mère est interloquée. L'instituteur salue et se retire. Quelques semaines plus tard Albert Camus est admis à entrer en classe de sixième des lycées.

« UN PETIT BONHOMME D'UNE SAGESSE EXEMPLAIRE »

Le 19 novembre 1957, alors qu'il vient de revoir le prix Nobel de Littérature, Camus écrit à son instituteur Louis Germain : « J'ai laissé s'éteindre un peu le bruit qui m'a entouré tous ces jours-ci avant de venir vous parler un peu de tout mon cœur [...] quand j'ai appris la nouvelle, ma première pensée, après ma mère, a été pour vous. Sans vous, sans cette main affectueuse que vous avez tendue au petit enfant pauvre que j'étais, sans votre enseignement et votre exemple, rien de tout cela ne serait arrivé ». Et Camus de conclure par ces mots : « [...] vos efforts, votre travail et leur cœur généreux que vous y mettiez sont toujours vivants chez un de vos petits écoliers qui, malgré l'âge, n'a pas cessé d'être votre reconnaissant élève. »

Louis Germain

Un mois plus tard, le discours prononcé par le jeune récipiendaire, à la fin du banquet qui clôturait les cérémonies de l'attribution des prix Nobel à Stockholm, était dédié à M. Louis Germain. Dans la foulée, l'instituteur rédigeait, le 2 novembre 1958, quelques souvenirs relatifs à son élève de façon à « faciliter le travail de ceux qui s'intéressent à celui qui fut mon cher petit Camus ».

Voici ce texte, à la fois méticuleux et un peu compassé, de cet instituteur atypique qui mourut à Alger (où il est enterré) en 1966, à l'âge de 82 ans, après avoir mené de conserve sa carrière d'enseignant et celle de musicien puisqu'il était, dès le début des années vingt, premier clarinettiste à l'opéra d'Alger...

« Sortant de la maternelle, Albert Camus arrive à l'école primaire en 1920 sachant lire et écrire quelques lettres de l'alphabet.

« Mais très vite, il se range parmi les meilleurs élèves et accomplit les progrès attendus à son âge. Déjà, il se montre calme, réfléchi. Peut-être impressionné par son maître, ce petit bonhomme est d'une sagesse exemplaire. Tout au long des leçons, il est à son travail, sans s'en distraire jamais, naturellement, sans contrainte, de bon cœur, pourrait-on dire.

« En fin d'année, il lit couramment, écrit très proprement, se montre capable de faire, sans fautes, de courtes et simples dictées.

« Deux ans plus tard, il retrouve son premier maître (au Cours Moyen 1re année) et confirme toutes ses qualités, réalisant les plus encourageants progrès.

« Enfin, en 1924, il accède à la classe qui prépare au concours d'entrée en 6e des lycées, ainsi qu'au certificat d'études primaire: il y retrouve à nouveau son premier maître.

« À ce moment André [*sic*] Camus est un enfant de taille plutôt petite pour son âge. Il est vêtu, comme son frère aîné et la plupart de ses camarades, simplement certes, mais très proprement. Son admirable maman y met tous ses soins et elle y a grand mérite car, veuve de guerre, c'est par son travail qu'elle fait vivre sa famille.

« Bien que très réservé et toujours sage et sérieux, l'élève Camus est très éveillé et son esprit sans cesse au travail. S'il parle peu et lentement, l'enfant réfléchit beaucoup et garde son regard vif et intelligent.

« Bon élève, ce garçon est aussi bon camarade et sait gagner l'affectueuse estime de ses condisciples. Ce que lui rend d'autant plus aisé son naturel doux et paisible. Il ne sait pas se livrer aux petites agaceries si fréquentes à cet âge. Et pourtant, il prend sa part des jeux de récréation mais à sa façon... toujours gentiment.

« En classe, notre bon écolier manifeste ses qualités déjà affirmées et réalise de nouveaux progrès sans donner l'impression de "forcer".

Albert Camus enfant

Tout lui paraît facile, aisé, et, partant, agréable. Il obtient les meilleures notes en français (en orthographe et composition française) ainsi qu'en mathématiques (cette double réussite étant plutôt rare), matières essentielles pour la réussite au concours de fin d'année.

« Parfois, lorsque le maître inscrit au tableau noir les devoirs du lendemain, une petite voix s'élève dans le silence de la classe :

« Monsieur, peut-on "faire" le problème n° tant par l'algèbre ? » C'est Camus qui parle. Dans son désir de bien faire, il a voulu connaître la difficulté des problèmes proposés et en a recherché les énoncés dans son livre. Il s'est rappelé les notions très élémentaires d'algèbre enseignées en classe et s'est rendu compte qu'il pouvait en tirer parti.

« Évidemment, il est laissé libre de son choix, l'essentiel étant de donner une solution exacte.

« En classe, notre bon écolier manifeste des qualités déjà affirmées et réalise de nouveaux progrès sans donner l'impression de forcer. »

École communale de la rue Aumerat (année 1923-1924),
Albert Camus est au premier rang, cinquième en partant de la droite

Alger, le grand collège

La cour du grand collège

CHAPITRE II

La différence et la douleur

Aux premiers jours d'octobre 1923, Camus va connaître une vraie rupture avec son passage au grand collège (aujourd'hui lycée Émir-Abd-el-Kadder). Ayant franchi la frontière du Champ de Manœuvres, il découvre une autre ville, une autre population, une nouvelle approche de la vie. Certes, l'accent est toujours là, mais moins marqué, ou mieux contrôlé. Les élèves du collège sont issus d'un milieu différent de celui qu'il a côtoyé jusque-là. Ce n'est donc pas sans appréhension qu'il franchit les portes de l'imposant établissement.

Le voilà coupé de son quotidien, de l'école communale, de Belcourt, de son royaume. S'il se place instinctivement à l'arrière de la classe, c'est plus par timidité et volonté d'effacement que pour se démarquer des autres. Le pressentant, son professeur de lettres, Jean Grenier, lui demande de s'installer au premier rang. L'acclimatation sera tout de même délicate. Bien plus tard, en 1945, Camus confiera combien cette confrontation avec le monde du lycée fut difficile: « J'avais honte de ma pauvreté et de ma famille (mais ce sont des monstres!) Et si je puis en parler aujourd'hui avec simplicité c'est que je n'ai plus honte de cette honte et que je ne me méprise plus de l'avoir ressentie. Je n'ai connu cette honte que lorsqu'on m'a mis au lycée. Auparavant tout le monde était comme moi et la pauvreté me paraissait l'air même de ce monde.

Le réfectoire du grand collège

Au lycée, je connus la comparaison. »[19] Le jeune lycéen vit mal sa différence. Avec ses camarades de classe, il parle très peu de sa famille, de son quartier. Selon certains témoins de l'époque, il coupe court à ce type de discussion en disant que sa mère est décédée ou qu'elle est internée dans un asile. Des réactions qui ne sont pas condamnables devant cette détresse de l'enfant pauvre coupé de ses références, de ses points d'appui. Lui, le boursier, pupille de la nation qui, pour la première fois de sa vie, se sent vraiment différent, étranger.

Élancé, le teint clair et l'œil vif, il met un point d'honneur à s'habiller avec élégance, même si ses vêtements sont modestes, élimés. Bon élève, il reste discret, mais ne tardera pas à retenir l'attention de ses professeurs et notamment celle de Jean Grenier. Cependant, sa nouvelle scolarité lui ouvre les yeux sur un nouveau monde. Il découvre également une autre ville, avec des vitrines plus attrayantes, mieux achalandées. Ici, la vie est intense, plus affairée et les paysages changent. Dès que le bus ou le tram des CFRA dépassent la gare de l'Agha, le regard se perd dans cette immensité bleue qui éclate à chaque percée de lumière et n'en finit pas de solliciter le voyageur. Le jeune collégien est littéralement dépaysé quand il franchit le « quartier pauvre » pour aborder Alger la Blanche, ses rampes surplombant la mer, ses places, ses jardins, sa vie trépidante, ses élégances. Il se sent à la fois perdu et stimulé, anxieux et conquérant. Un peu comme l'acteur quittant la coulisse pour entrer sur une scène métamorphosée sous une lumière terriblement réductrice et somptueusement exaltante. Il prend conscience de ses limites, mais il sait également toutes ses

19. *Carnets*, II, p. 177.

Rue d'Isly

Rue Michelet

forces puisées et apprises durant l'adolescence entre le soleil et le silence : cette incubation d'un bonheur dont la beauté n'a pas encore « fait place à la civilisation »[20].

Passionné de football, il s'inscrit dans un club, l'Association sportive de Montpensier, qu'il quittera rapidement pour le RUA (Racing universitaire d'Alger). Gardien de but émérite, Albert envisage même d'entreprendre une carrière de footballeur professionnel. Il se donne sans compter à ce sport dont il dira plus tard[21] combien il fut important dans sa vie et dans son œuvre : « Le peu de morale que je sais, je l'ai appris sur les terrains de football et les scènes de théâtre qui resteront mes vraies universités. »

Malheureusement, à dix-sept ans, il est pris d'un malaise à l'issue d'une rencontre. Il transpire abondamment. Encore plus pâle que d'habitude, il ne parvient même pas à tenir debout, il tousse et crache le sang. On diagnostique un « refroidissement »... Comme si le soleil avait voulu priver son zélateur de sa lumière et de sa chaleur. En fait, ce sont les premières atteintes de la tuberculose. Et, à l'époque, il n'existe pas de traitements curatifs pour enrayer cette maladie. Tout au plus peut-on en freiner les effets, en atténuer la progression par de douloureux pneumothorax. Camus est hospitalisé à Mustapha, l'hôpital du « quartier pauvre ».

Fauché par la maladie alors qu'il évoluait dans la joie et la plénitude de sa vie, ce jeune goal nous fait déjà penser à Meursault, quelques secondes avant que le tocsin ne frappe à la porte de son destin. « J'ai secoué la sueur et le soleil. J'ai compris que j'avais détruit l'équilibre du jour, le silence exceptionnel d'une plage où j'avais été heureux »[22]. Un peu comme s'il lui fallait expier quelque crime de lèse-bonheur face à une puissance dont il ignorait tout jusqu'à cette minute.

---

20. *La Mort heureuse*, p. 118.

21. En 1959, au cours d'une interview télévisée.

22. *L'Étranger*, p. 95.

Gardien de but au RUA

Albert Camus (main sur le ballon) avec l'équipe des Études françaises, à Oran, 1941

L'hôpital du quartier « pauvre »

Oncle et tante Acault

Soudain, un éclat de soleil lançait cet avertissement, prélude à un autre exil.

Pour lui permettre de « se retaper », les médecins recommandent une alimentation équilibrée et riche en viande rouge. Le jeune Camus quitte alors la rue de Lyon pour le domicile de l'oncle Acault, boucher rue Michelet. C'est la rupture avec le « quartier pauvre ». L'installation dans un quartier chic, au cœur de la ville blanche, près de parents sans enfants vivant dans l'aisance et offrant au jeune lycéen tout le bien-être auquel il pouvait aspirer. Et bien au-delà !

Il ne le sait pas encore, mais la maladie fermera à Camus les portes de l'enseignement supérieur. Il ne sera pas professeur de faculté, et c'est tant mieux pour le créateur qui se dessine en lui. Esprit raffiné, homme élégant et distingué, il est désormais à l'abri du besoin. Il peut, dans la bibliothèque de l'oncle Acault, accéder à tous les grands auteurs. Outre Gide et Nietzsche, il va découvrir un romancier beaucoup moins connu, André de Richaud. Et, plus particulièrement, l'un de ses romans, *La Douleur*, qui va être une réelle révélation pour le jeune homme en quête de repères. Il y retrouve son univers familier : « Une mère, la pauvreté, les beaux ciels. [...] Je venais d'apprendre que les livres ne versaient pas seulement l'oubli et la distraction. Mes silences têtus, mes souffrances vagues et souveraines, le monde singulier, la noblesse des miens, leur misère, mes secrets enfin, tout cela pouvait donc se dire ! Il y avait une délivrance, un ordre de vérité où la pauvreté, par exemple, prenait tout d'un coup son vrai visage, celui que je soupçonnais et révérais obscurément. *La Douleur* me fit entrevoir le monde de la création, où Gide devait me faire pénétrer. » Un signe lui est donné...

Après son bac, il entreprend des études de philosophie et entre à la faculté d'Alger. Il étonne ses professeurs par son ouverture d'esprit, sa curiosité, sa pertinence, et, dès 1932, il publie ses

La faculté où il fut étudiant

premiers articles dans la revue *Sud* au sein de laquelle Jean Grenier réunit quelques essais de ses meilleurs étudiants.

Cette même année, Camus se serait intéressé à la franc-maçonnerie. Un de ses amis d'alors pense qu'il aurait pu céder à la fois à la curiosité et à la sollicitation de son oncle Acault, membre de la Loge du Grand Orient de France, située rue Jacques-Cartier, près de son logement de la rue du Languedoc. Ce ne sont que suppositions… Un membre de cette loge ayant été contraint de brûler archives et fichier sous Vichy, voilà qui rend toute affirmation aléatoire. Une chose est probable : Camus n'aurait pas fréquenté longtemps le Grand Maître de l'Univers.

On ignore généralement qu'à cette même époque, le jeune Camus, qui n'a alors que dix-neuf ans, collabore (au moins une fois) à l'hebdomadaire *Ikdam* (le courage), l'organe de défense des intérêts politiques et économiques des musulmans de l'Afrique du Nord. Créé en 1919 par l'émir Khaled, ce média poursuit quatre objectifs : l'égalité entre les colons et les musulmans, la suppression de la législation spéciale et la discrimination pour la majorité indigène, la liberté d'expression et de déplacement ainsi que le droit d'association. Sa collaboration à cet hebdomadaire ne peut être fortuite…

Albert Camus, à Florence, vers 1935

Camus sort beaucoup. Il a de nombreuses connaissances, parmi lesquelles, une jeune fille séduisante et élégante, Simone Hié, pour l'heure fiancée à son ami le poète Max-Pol Fouchet. Mais le cœur a ses raisons… Il tombe sous le charme. C'est le coup de foudre et, contre l'avis de son oncle Acault, il décide de se marier.

Simone Hié, au moment de son mariage avec Albert Camus

Tout en poursuivant ses études, il épouse la demoiselle en 1934. Mais ils se séparent l'année suivante et divorceront six ans plus tard. Un échec dont il se remet difficilement. Ne laissant rien paraître de son abattement, Camus travaille avec une ardeur démesurée, prévoyant de se présenter à l'agrégation de philosophie. En attendant, il prépare son mémoire de diplôme d'études supérieures intitulé "Néo-platonisme de la pensée chrétienne". Le sujet peut étonner quand on sait l'intérêt relatif qu'il portait à la religion. Mais... Nous sommes déjà face à un thème récurrent dans l'œuvre de Camus : la tragédie de l'homme sans Dieu... Même si, comme le prétend Jean Grenier avec son sens de la nuance, « il n'était pas athée : il était plutôt antithéiste »[23].

Sa voie semble tracée : il sera professeur... Mais, une fois encore, un obstacle va s'opposer à son destin. Deux ans plus tard, sa santé lui interdit de se présenter à l'agrégation. Il obtient un poste d'enseignant à Sidi-Bel-Abbès... Mais, à peine arrivé dans cette ville tellement éloignée d'Alger, sans attraits, ni loisirs, il décide de changer de voie. Il ne sera pas enseignant.

Néanmoins, grâce à un modeste prêt d'honneur et quelques petits boulots, il peut poursuivre ses études de philosophie. Ce qui représente une importante somme de travail. Ce qui, non plus, ne l'empêche pas d'animer des ateliers populaires et de militer dans le mouvement antifasciste *Amsterdam Pleyel.* Dans la foulée, et sans doute sur les conseils de son maître Jean Grenier, il entre au parti communiste à la fin de 1934...

Le jeune homme, qui n'a alors que vingt-et-un ans, se voit confier la propagande dans les milieux musulmans. Une tâche dont il s'acquitte avec beaucoup de sérieux... Mais, il ne se sent pas à l'aise dans ce parti politique hiérarchisé, cloisonné, et qui ne souffre aucune critique... Il quitte le PC. Au cours du second trimestre 1935 pour certains observateurs ; en 1937 pour d'autres. Camus reproche, notamment, au parti d'être en retrait sur une évolution politique qui, par le biais du projet de loi Blum-Violette, se satisfait de l'obtention de la nationalité française pour seulement vingt mille des six

---

23. Jean Grenier, préface, coll. *La Pléïade*. XII.

UNIVERSITÉ D'ALGER

FACULTÉ DES LETTRES D'ALGER

Diplôme d'Etudes Supérieures de Philosophie

Nous, Doyen et Professeurs de la Faculté des Lettres d'Alger ;

Vu l'arrêté ministériel du 18 Juin 1904

Attendu que M Camus Albert

né à Mondovi (Constantine), le 7 novembre 1913

a produit et discuté un mémoire sur "Néoplatonisme et pensée Chrétienne"

et justifié des connaissances requises en ( )

ainsi que dans les sciences auxiliaires (Explication de textes)

Décernons à M Camus le DIPLOME D'ETUDES SUPERIEURES de Philosophie

Fait à Alger, le 25 mai 1936

Les Membres du Jury :

Ont signé au registre : M.M. Gernet Poirier Grenier

Délivré par le Recteur, Président du Conseil de l'Université,

POUR LE RECTEUR

Le Doyen,

N° 94

10 SIDI BEL-ABBÈS. — Place Carnot pendant la Musique. — LL.

millions d'indigènes d'Algérie. Il semble être plus en phase avec le PPA (parti du peuple algérien) de Messali Hadj, qui reproche aux communistes français d'être responsables de la répression contre les Arabes du fait de leur présence au gouvernement.

« Curieux: incapacité d'être seul, incapacité de ne l'être pas. On accepte les deux. Les deux profitent. »[24]

Ce sera sa seule expérience de militant politique dans un parti. Camus préfère s'investir dans le théâtre, un autre lieu de fraternité et de solidarité, au sein duquel il lui semble impossible de tricher. Ce qui peut paraître étonnant à une période où il vient justement de quitter le Théâtre du Travail… Ce n'est pas une marque d'incohérence ou une forme de dépit. Cette troupe est, à son goût, trop inféodée au parti communiste. Il en va de même pour la Maison de la Culture, dont il a la responsabilité et au sein de laquelle il souhaite concilier, harmoniser les civilisations française et indigène dans le souci de l'éclosion et de l'épanouissement d'une nouvelle culture de la Méditerranée. Il quittera également cette maison aux mains du PC.

Nous sommes en 1936. Albert Camus est alors engagé dans la troupe théâtrale itinérante de *Radio Alger*. Il effectue des tournées quinze jours par mois dans des villes et villages du pays. Il joue de petits rôles dans des pièces classiques qui ne l'exaltent pas particulièrement. Mais, ces représentations lui permettent d'améliorer son jeu, et surtout, de découvrir une autre Algérie. Celle de l'intérieur.

La notion d'équipe, aussi, est importante pour l'homme comme pour le créateur. Il l'avait déjà trouvée dans le football. Il la recherche également dans sa vie quotidienne, notamment dans le théâtre. Il crée l'Équipe, et, avec quelques amis, il écrit *Révolte dans les Asturies*. La pièce, qui évoque une insurrection

24. *Carnets*, I, p. 45.

Albert Camus (premier à gauche) avec la troupe théâtrale de Radio-Alger

ouvrière précédant la guerre d'Espagne, est interdite par la censure de la très conservatrice administration algérienne.

Sa vie est exaltante, mais ces multiples activités ne sont pas lucratives. Il faut donc trouver des petits boulots. C'est ainsi qu'il travaille au service météorologique de la faculté. Il est vendeur d'accessoires automobiles, employé chez un courtier maritime (comme Meursault dans *L'Étranger*), puis à la préfecture (comme le sera Grand, le personnage principal de *La Peste*, qui sera employé de mairie). Ces petits métiers ne freinent pas, pour autant, ses autres engagements et ses activités théâtrales : il met en scène, dirige des répétitions, et écrit beaucoup. Car, il le sait, sa voie est tracée : il sera écrivain… Et, en mai 1937, il publie son premier livre *L'Envers et l'endroit*, chez Charlot, un jeune éditeur algérois qui a été son condisciple. Constitué de cinq essais souvent autobiographiques, ce premier roman, auquel il travaillait depuis quatre ans, porte déjà l'empreinte du Camus à venir. Il y dessine trois destins à la fois banals et semblables de personnes glissant vers la mort.

"Entre oui et non" est une manière de dire l'affection que l'auteur porte à sa mère. On y retrouve Belcourt, la rue, le cinéma du quartier, l'appartement et le silence. Ensuite, ce sont les souvenirs d'un voyage à Prague, avec la solitude et l'angoisse du dépaysement mis en avant dans "La mort dans l'âme", où l'Italie fait contrepoids, avec sa démesure jusque dans la beauté et l'indifférence.

Un autre essai reflète la vie d'un voyageur un peu dépaysé, à la surface de lui-même, alors que dans "L'envers et l'endroit", le lecteur est confronté à deux personnages d'une lucidité extrême face à la réalité: le premier passant ses dimanches à l'intérieur de son caveau; le second regardant le soleil jouer sur les rideaux de sa chambre. Ce livre reste souvent inconnu ou mal connu... Pourtant, il est essentiel. Pour Camus lui-même. En 1956, dans la préface de la réédition, alors qu'il est à quelques mois de l'obtention du prix Nobel de littérature, il écrit: « Je sais que ma source est dans *L'Envers et l'endroit*, dans ce monde de pauvreté et de lumière où j'ai longtemps vécu et dont le souvenir me préserve encore des deux dangers contraires qui menacent tout artiste, le ressentiment et la satisfaction. » Cet homme de quarante-trois ans, au faîte de la célébrité, poursuit: « Sur la vie elle-même, je n'en sais pas plus que ce qui est dit avec gaucherie dans *L'Envers et l'endroit* »...

Une autre notion lui est chère: l'unité avec le monde, qu'il évoque dès la jeunesse dans ce livre, en écrivant: « Et quand donc suis-je plus vrai que lorsque je suis le monde ».

Un nouvel ouvrage est déjà en chantier, alors que l'auteur vit dans d'intenses souffrances dues à sa tuberculose. Depuis 1936,

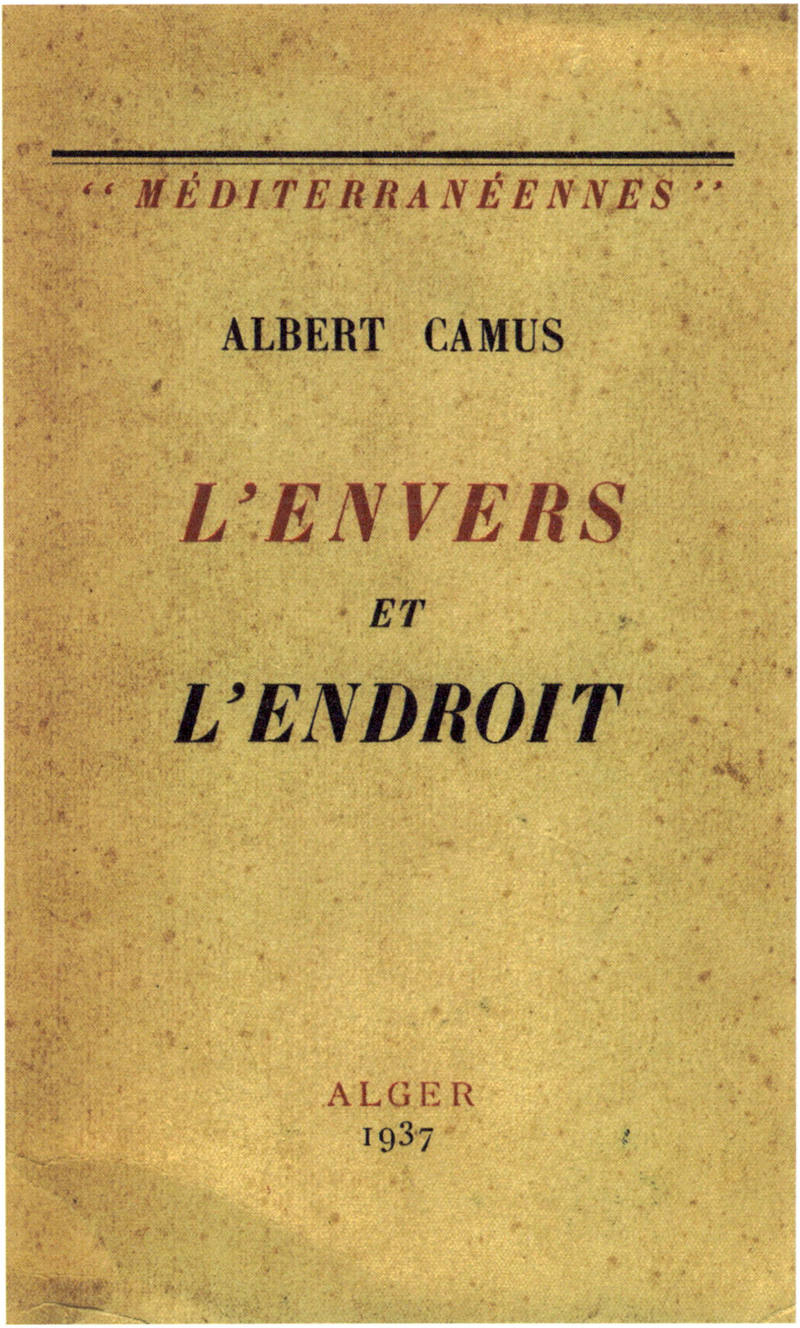

Édition originale

il travaille à un manuscrit pouvant être considéré comme une esquisse de *L'Étranger* et dans lequel on pressent également *Le Mythe de Sisyphe*. Il s'agit de *La Mort heureuse*, un livre qui restera à l'état de manuscrit et ne sera publié qu'en 1971, à titre posthume, l'auteur n'ayant pas souhaité le faire éditer de son vivant. Dans cet élan, il entreprend la rédaction de *Caligula*, une pièce dont le personnage principal a son âge (vingt-cinq ans). Malgré ses activités très intenses, Camus prend le temps de s'échapper un peu… C'est ainsi qu'il découvre Tipasa

Là, il est subjugué par la beauté de cette nature qui témoigne d'une histoire face à laquelle il est impossible de tricher.

Dans ce dédale de pierres, de fûts de colonnes, de mosaïques piquetées de fleurs, le divin se fait imminent, concret, palpable : « À Tipasa, "je vois" équivaut à "je crois" et je ne m'obstine pas à nier ce que ma main peut toucher et mes lèvres caresser », écrit-il dans *Noces*, qui sera publié en 1939 chez Charlot.

"Noces à Tipasa" est le premier des quatre essais de ce livre. Dans "Un jour de noces avec le monde", Camus exalte la joie de vivre et d'aimer sans mesure, au présent, dans l'instant et l'histoire. Nous passons ensuite dans une ville morte qui commande la fin dernière dans la lucidité, avec "Le Vent à Djemila". La cité antique abandonnée, l'auteur nous convie à vivre "L'été à Alger" dans une ville rayonnante et immédiate ignorant tout de la vertu. Le dernier essai est une confrontation avec "Le désert" dans l'équilibre précaire et merveilleux de l'homme et de la nature, du néant et de l'être trouvant son bonheur dans l'absence d'espoir… Jouissance de l'instant, chère à l'auteur !

Camus travaille toujours avec acharnement. En mai 1940, alors que les premiers blindés allemands déferlent sur la France, il termine *Caligula*, qui ne sera édité que quatre ans plus tard…

Ce livre entre dans son cycle de l'absurde avec *Le Mythe de Sisyphe*, *Le Malentendu* et *L'Étranger*, ce dernier étant peut-être le maillon le plus fort de cette chaîne. Commencé en 1939, le manuscrit n'est édité qu'en 1942. Et ce roman étrange aura de quoi dérouter. Notamment par le comportement de son héros... Meursault, un petit employé de banque sans ambition, y raconte son histoire. Il vient d'apprendre la mort de sa mère à l'asile. Il assiste à son enterrement sans affectation particulière, comme indifférent. Le lendemain, il va se baigner avec Marie, une jeune femme qui devient sa maîtresse. Il lie connaissance avec son voisin, Raymond, un souteneur mêlé à une histoire de femme pas très claire. Il écrit une lettre pour lui. Le lendemain, à l'invitation de Raymond, il passe la journée dans un cabanon de plage, près d'Alger. Au cours de cette journée qui s'annonce paisible, une bagarre oppose Raymond à deux Arabes qui le suivent pour venger son ancienne maîtresse. Raymond est blessé. Meursault déambule sur la plage et va se retrouver en face des Arabes. Aveuglé par le soleil, il tire sur l'un d'eux et le tue. Arrêté, il est jugé et condamné à mort. Le jury semble avoir surtout été sensible au fait qu'il n'ait pas pleuré à l'enterrement de sa mère. Ne croyant pas en Dieu, il refuse le secours d'un prêtre, mais il regrette tout de même cette vie terrestre dont il va être privé. Il monte à l'échafaud, apaisé dans sa révolte, assumant l'absurdité de son destin dans une sorte de quiétude paisible. Comme indifférent, étranger à sa propre vie.

L'Étranger paraît en pleine Occupation. L'auteur, un inconnu de vingt-huit ans, dont on ignore qu'il a déjà publié en Algérie, reçoit un accueil enthousiaste de la critique.

Sur cet *Étranger*, Camus reste assez énigmatique : « Meursault, pour moi, n'est donc pas une épave, mais un homme pauvre et nu, amoureux de soleil qui ne laisse pas d'ombres loin qu'il soit privé de toute sensibilité, une passion profonde, parce que

Tipasa

tacite, l'anime, la passion de l'absolu et de la vérité. Il s'agit d'une vérité encore négative, la vérité d'être et de sentir, mais sans laquelle nulle conquête, sur soi et sur le monde, ne sera jamais possible. »

Dans la préface de l'édition américaine, il précisera : « Trois personnages sont entrés dans la composition de *L'Étranger* : deux hommes (dont moi) et une femme. » L'énigme subsiste…

Outre la notion d'absurde, on ne peut pas ignorer ce que l'auteur nous donne à voir : une justice qui évacue le meurtre de l'Arabe et qui condamne Meursault à mort pour ne pas avoir pleuré à l'enterrement de sa mère… Une justice placée sous l'œil d'un journaliste que Meursaut aperçoit pendant son procès en éprouvant cette curieuse sensation d'y retrouver sa propre image !

Sans rompre avec ses préoccupations et les thèmes développés jusqu'alors, Camus a entamé en 1939 une carrière de journaliste qu'il mènera en parallèle avec celle d'écrivain. Il travaille à *Alger républicain*, un journal de gauche. D'entrée, il s'y fait remarquer en suivant des procès dans lesquels il s'investit et soulève les incohérences de l'instruction... Qu'il s'agisse du procès Hodent, de l'assassinat du grand mufti El-Okbi ou de l'affaire des « incendiaires » d'Auribeau – douze ouvriers agricoles poursuivis pour avoir, lors de grèves, incendié leurs six gourbis.

Camus lance alors une mise en garde face à « un procès engagé sans autre preuve que des aveux obtenus, une fois de plus, par des tortures policières et rétractés par la suite. [...] À l'heure où tant de voix importantes ou supposées telles s'époumonent pour nous vanter on ne sait quels idéaux de basse qualité, il est urgent de mettre tout en œuvre pour freiner l'injustice chaque fois que c'est possible. »

Mais le plus important de ses reportages sera celui consacré, en juin 1939, à la « misère de la Kabylie ». Dans une série d'articles réalisés pour *Alger républicain*, il stigmatise l'extrême pauvreté de cette région touchée par la famine, dénonce l'attitude de certains colons européens qui possèdent les meilleures terres de cette zone montagneuse livrée à elle-même, abandonnée à son agonie.

Les descriptions y sont sans concession. À l'image de celle-ci : « Par un petit matin, j'ai vu à Tizi-Ouzou des enfants en loques disputer à des chiens kabyles le contenu d'une poubelle. »

Un peu plus loin, il évoque le chômage qui touche la majorité de la population, et lance une mise en garde : « La vérité, c'est que nous côtoyons tous les jours un peuple qui vit avec trois siècles de retard, et nous sommes les seuls à être insensibles à ce prodigieux décalage. »

La Seconde Guerre mondiale est déclenchée le 3 septembre 1939. Albert Camus, qui ne peut s'engager, compte tenu de sa santé, décide d'entrer dans la Résistance.

Mais… il ne pourra pas résister à la censure qui, dès juillet, s'exerce avec force contre *l'Alger républicain*, lequel disparaît à la fin octobre 1939.

DÉPARTEMENT de Seine et Oise
COMMUNE d'Epinay sur Orge

CARTE D'IDENTITÉ

Nom : MATHE
Prénoms : Albert
Fils de Jacques Mathé
et de Madeleine Pannetier.
Profession : Rédacteur.
Né le 7 Mai 1911
à Choisy-le-Roi.
Département : Seine.
Domicile : Rue du petit Vaux.

FRANCS

SIGNALEMENT

Taille : 1m 76
Cheveux : chatain
Moustache : néant.
Yeux Gris verts.
Nez : Droit.
Forme générale du visage : Allongée.
Teint : Mat.
Signes particuliers :

Empreinte digitale

Signature du Titulaire :

A
Le 20 MAI 1943
Pour le Maire empêché
L'Adjoint au Maire
(Cochet)

TIMBRE FISCAL
2 FRANCS

Fausse carte d'identité d'Albert Camus, pendant l'Occupation

Dès le 15 septembre, est créé *le Soir républicain* dont il devient le rédacteur en chef. Il y défend les mêmes valeurs, les mêmes libertés. En pure perte. Ce quotidien aura les mêmes difficultés, subira la censure, avant d'être également suspendu.

Camus se retrouve sans emploi. Il part pour Oran. Il s'y ennuie. Mais, c'est là qu'il rencontre Francine Faure, jeune professeur de mathématiques et pianiste de talent, le 3 décembre 1940.

Nonobstant cette union, sa vie est ressentie comme un exil d'autant plus difficile qu'à la fin de l'année il est licencié, car les soldats français, vaincus, viennent reprendre leur emploi d'avant-guerre.

Il travaille d'arrache-pied. Après avoir exprimé l'absurde par le roman, il présente, en 1942, *Le Mythe de Sisyphe*, un essai dont le thème central est le rapport entre l'absurde et le suicide. Rappelons l'histoire… Sisyphe, roi de Corinthe, est condamné à rouler un rocher au sommet d'une montagne d'où il retombe sans cesse.

Sisyphe illustre cette question essentielle que se pose tout homme : la vie vaut-elle d'être vécue ? Dans « un univers soudain privé d'illusions et de lumières, l'homme se sent étranger… » Ce qui induit la question du suicide. Quelle alternative devant « ce divorce entre l'homme et sa vie, l'acteur et son décor, c'est proprement le sentiment de l'absurdité. »

En surmontant l'absurde, même condamné à une tâche inutile, l'homme doit dominer son destin. « La lutte elle-même vers les sommets suffit à remplir un cœur d'homme. » Sisyphe bravant les dieux, reculant sans cesse sa fatale issue, devient la représentation de la vie au-delà des écueils et des découragements ; il est l'homme confronté à son quotidien, à l'absurde qu'il surmonte en permanence.

Plus qu'un credo, c'est une volonté qui est exprimée en conclusion du *Mythe*: « Il faut imaginer Sisyphe heureux. » Pour Camus, l'homme qui accepte l'absurde est un homme lucide, car il vit avec la conscience qu'« il n'y a pas de lendemain ».

Le choix d'une existence niant toute notion de péché, ce refus d'aliénation et de sujétion aux religions et aux idéologies font de Camus un homme au parti pris libertin qui se situe aux antipodes du pari pascalien. Comme il l'écrira, avec humour, dans ses *Carnets*: « L'immortalité est une idée sans avenir »[25].

Dès lors, il faut dépasser les nihilismes, en instaurant cette résistance, et le thème auquel il va consacrer le deuxième cycle de son œuvre: celui de la révolte.

En février 1941, il a terminé *le Mythe de Sisyphe* et sa pièce intitulée *Caligula*. Le voilà qui attaque un nouveau manuscrit, *Le Minotaure ou la Halte d'Oran*, qui sera intégré plus tard dans *L'Été*.

Bourreau de travail, il caresse un autre projet qui sera un peu l'ouverture de son cycle sur la révolte… Il s'agit de *La Peste*.

Tout en enseignant à Oran, il fait de fréquents séjours à Alger pour tenter, sans succès, de redonner vie au Théâtre de l'Équipe. Et ce n'est jamais avec un fol enthousiasme qu'il revient vers Oran. Nous aurons l'occasion d'en reparler… Pour Jean Grenier, c'est dans un autre Oran « qui était pour lui une ville brutale mais féconde » qu'Albert Camus va dérouler le fil de *La Peste* sur laquelle il se documente et travaille jusqu'en 1946.

Cette chronique d'une épidémie touchant cette ville dans le courant des années quarante a un rapport évident avec la guerre en cours et le péril nazi.

---

25. *Op. cit.*, p. 228.

Oran

Dans la ville isolée, chacun essaie de vivre et de combattre la maladie à sa manière. Le docteur Rieux trouve dans son métier la pleine justification de son existence. Tarrou, après avoir accepté la logique de la mort, du meurtre, les refuse… quelles qu'en soient les justifications. Rambert, journaliste étranger à la ville (comme Camus, à l'époque), tente de fuir pour rejoindre son épouse avant de prendre conscience qu'il « peut y avoir de la honte à être heureux tout seul ». Il décide de combattre le fléau.

Cette chronique met en exergue le comportement des hommes confrontés à leur condition, à leur isolement, à l'exil, à l'omniprésence de la mort. Des hommes nécessairement solidaires. Au terme d'un combat acharné, la peste est vaincue. Les portes de la ville s'ouvrent sur une population libérée dont « l'allégresse est toujours menacée », selon le docteur Rieux qui sait que « le bacille de la peste ne meurt ni ne disparaît jamais, qu'il peut rester pendant des dizaines d'années endormi » et ressurgir un jour « dans une cité heureuse ».

Malgré son succès, l'œuvre ne fait pas l'unanimité chez les bien-pensants de l'intelligentsia parisienne. À telle enseigne que Bertrand d'Astorg va utiliser une formule qui collera au livre et à l'œuvre de Camus : « Une morale de Croix-Rouge ». Les lecteurs et la postérité n'auront pas le même sentiment que ce censeur oublié…

En 1944, Camus publie *Lettre à un ami Allemand*: un petit livre composé de quatre lettres écrites et publiées dans la clandestinité. Il souhaite y « éclairer un peu le combat aveugle où nous étions et, par là, rendre plus efficace ce combat. »

Camus met au-dessus de la grandeur du pays de son ami allemand celle de la justice. Il est convaincu qu'on peut aimer son pays dans la justice pour éviter de le servir aveuglément et contribuer à sa puissance. La guerre, l'exil ne lui font pas oublier l'Algérie.

Il y revient régulièrement pour y retrouver sa mère, des amis du « quartier pauvre » ou des autres quartiers. Et quand ce conflit mondial prend fin, un autre couve.

À cette époque, Camus est abattu, las, à bout de force. La tuberculose est sa compagne de tous les instants. Il en souffrira durant toute sa vie… toujours tiraillé entre sa passion de vivre et cette menace de mort lancinante… De cette opposition contradictoire naîtra la notion de contrepoids et d'absurde latente dans son œuvre. Cette tuberculose est, en même temps, une manière de sublimer chaque moment. Elle permet de mesurer la fragilité d'une existence à vivre intensément.

Comme il l'écrira, fin 1937, « Nous n'avons pas le temps d'être nous-mêmes. Nous n'avons que le temps d'être heureux. »[26]

Le 24 mars 1943, il écrit à la poétesse Blanche Balain : « Tout l'amour dont je suis capable, je crois que je l'ai donné à ce pays, c'est pour ça que je reste parfois les mains vides. »

Il continuera de donner beaucoup. Jusqu'aux limites du possible… Ce qui lui vaut souvent des reproches et des jugements amers de la part de celles et ceux qui attendent qu'il donne encore plus. Au risque de se renier.

26. *Op. cit.*, p. 199.

CHAPITRE III

Alger : au cœur d'un été permanent

Camus est un jeune homme comblé, parfaitement conscient de son charme. Autour de lui, les femmes sont nombreuses. Pourtant, Simone Hié ne fut pas une passade. Comme nous l'avons vu dans le précédent chapitre, il fut séduit par sa beauté, sa grâce et l'élégance de danseuse qui l'accompagnait à chaque pas. Éperdument amoureux de la jeune bourgeoise issue de la haute société algéroise, il avait décidé de l'épouser, au grand dam de son oncle Acault et de son ami le poète Max-Pol Fouchet qui en était le fiancé… – ce qui marquera une rupture définitive entre les deux hommes. Sa rapide séparation d'avec Simone l'avait profondément blessé, même si – toujours secret – il n'en faisait jamais état. Cela avait été une déchirure profonde, un échec qui marquera sa vie et son œuvre.

Yves Bourgeois, co-auteur de la pièce *Révolte dans les Asturies*, et alors professeur agrégé au lycée Bugeaud, a connu Camus en 1935 dans le cadre du théâtre et d'une « amitié fraternelle »[27]. C'est ce qui l'avait amené à organiser avec le couple un grand périple en Europe centrale. Pour lui, « ce ménage élégant se voulait libéré. Ils s'amusaient d'avoir étonné leurs connaissances en dormant la nuit qui suivit leur mariage chacun d'un côté de la ville ». Il garde, pour sa part, un jugement critique à l'égard du personnage extrêmement secret qu'est « ce jeune homme fascinant jouant de sa séduction ».

27. Le témoignage d'Yves Bourgeois est extrait d'une série d'entretiens exclusifs accordés à l'auteur.

Arraché au « quartier pauvre », et après les atermoiements des premiers mois passés au lycée, Camus cultive son aura, son pouvoir de séduction physique et intellectuelle. Il a déjà une forte personnalité.

Pourtant, « Camus ne tardera pas à se sentir grignoté, ou utilisé ou trahi », selon Yves Bourgeois. « Et quand nous fûmes devenus adversaires, nous nous accordâmes pour dire qu'on est souvent plus gêné par ses partisans que par ses ennemis. » La nébuleuse de ces « amis de Camus » (voilà qui rappelle la nouvelle ironique d'Isaac Bashevis Singer, "Un ami de Kafka") n'a fait que croître plus tard, en France métropolitaine, durant l'Occupation et l'après-guerre. Comment Camus pouvait-il s'y prêter? Peut-être par sociabilité méditerranéenne, par besoin de chaleur humaine, ou simplement par bonté. N'écrivait-il pas, on l'a vu, dans ses *Carnets*: Curieux: incapacité d'être seul, incapacité de ne l'être pas. On accepte les deux. Les deux profitent. »[28]

Mais revenons au quotidien de sa jeunesse… Albert s'est fâché avec son oncle Acault, dont il a quitté le domicile. Il lui faut maintenant subvenir à ses besoins. Comme nous l'avons vu, il fait des petits boulots, mais sa passion reste l'écriture. Expériences, déceptions, réussites, désillusions, velléités, souvenirs… En quête d'absolu, il veut témoigner de son temps, inverser le courant de l'ignominie, du désespoir et de l'oubli. Devenu journaliste en 1939, il n'aura de cesse, dans les colonnes d'*Alger républicain*, de dénoncer la misère des oubliés, des humiliés par les excès du colonialisme. À longueur de colonnes, il prend la défense de « ces hommes qu'on raie de l'humanité »[29]. Il sera toujours leur témoin et leur porte-voix… Et ce serait aujourd'hui lui faire rapide procès que d'occulter cet engagement dans son époque.

28. *Carnets*, I, p. 145.

29. Alger républicain, 1.XII.38.

Vie dense. Travail intense. Ce jeune homme maladif a une puissance de création et récréation qui étonne tout le monde. Mais tant d'activités condamnent son poumon déjà très atteint par la maladie. Dès janvier 1936, il confiait à ses *Carnets*: « Mort de moi-même à moi-même [...] est-il vrai que j'ai souffert, n'est-il pas vrai que je souffre ; et que cette souffrance me grise parce qu'elle est ce soleil et ces ombres, cette chaleur et ce froid que l'on sent très loin tout au fond de l'air »[30].

Camus vit, travaille, écrit, dans la constante fascination de cette ville blanche, avec « la cascade de la Casbah au-dessus de la mer, les collines et le ciel, la baie aux bras tendus, les maisons parmi les arbres et l'odeur déjà proche des quais. »[31] La ville s'arrondit autour de la baie, comme un immense théâtre à l'antique offert au large. Elle « s'ouvre dans le ciel comme une bouche ou une blessure »[32]. Seule la démesure sied à cette capitale qui donne à profusion ce « dont tout le monde vit : la mer, au tournant de chaque rue, un certain poids de soleil, la beauté de la race. Et, comme toujours, dans cette impudeur et

Le jardin Marengo

30. *Carnets*, I, p. 22.
31. *La Mort heureuse*, p.125.
32. *Noces*, p. 33.

Alger, vue générale prise de la Casbah

cette offrande se retrouve un parfum plus secret »[33]. Celui qui scelle les passions et les exaltations d'un peuple tout entier voué à la vie, à ses bonheurs simples du quotidien. Dès que les beaux jours sont là, Camus descend *se taper un bain* au môle. On peut piquer une tête dans le port ou emprunter la barque de Khadj qui, pour dix sous, vous mène, sur le quai d'en face, au « môle cassé » et garde les habits. Quand il a un peu plus de temps, il se rend avec quelques ami(e)s aux bains Padovani, au-delà du square Nelson, à la limite de Bab-el-Oued. On s'y baigne, on y danse, on y vit. De là, on voit, sur les hauteurs, la coupole de Notre-Dame-d'Afrique crêtée d'une vierge brune : *Madame l'Afrique des Roumis*, comme la nomment les Mauresques, qui, bien que n'ignorant pas qu'elle représente la Vierge Marie (*Lalla Miriem*), la mère de Jésus (le prophète *Aïssa*), sont nombreuses à s'y rendre en pèlerinage, convaincues de ses vertus bénéfiques de maraboute.

Camus affectionne également les grandes balades sur les hauteurs de la ville. Très jeune, en compagnie d'un de ses oncles chasseurs, il a découvert les bois qui dominent le

Alger, Notre-Dame-d'Afrique et collège catholique

33. *Noces*, p. 33.

Alger, Notre-Dame-d'Afrique, la chapelle provisoire dédiée à Saint-Joseph

Alger, le ravin de la Femme Sauvage

Alger, Bouzareah

« quartier pauvre »… « Nous partions à pied par le « Ravin de la Femme sauvage » et nous remontions sur Hydra. En parcourant le chemin des crêtes, nous avions l'impression de nous retrouver au-dessus d'un prodigieux théâtre. Après avoir longtemps marché, nous nous arrêtions là, en silence, et nous nous laissions imprégner, pénétrer par ce spectacle extraordinaire. » Louis Benisti gardait un souvenir précis de ces promenades : « Il y avait également à la Bouzaréah un petit cimetière dans lequel il aimait faire une halte. Je me rappelle qu'une fois, il s'était arrêté devant une tombe et avait commencé de soliloquer comme il le faisait parfois : "Ces jeunes sont nés loin de cette terre, disait-il, ils ont peut-être vécu une enfance religieuse qui les a remplis de l'espoir d'une mission. Cette mission, ils ne l'ont peut-être pas remplie. Et les voilà morts, enterrés loin de leur village. Il y a là une forme d'injustice qui confine à l'absurde. Qui sont-ils ? Des hommes ? Des missionnaires ? Des ossements ? Et si la justice n'était qu'une grande loterie ? ».

Paroles éphémères ? Pour ce jeune homme, c'est tout une réflexion, une œuvre qui prend corps au fil de ces dialogues avec la nature. Il aime découvrir – sans jamais se lasser – les hauteurs de la ville. Tantôt la Bouzaréah, d'autre fois depuis le chemin de la Madeleine avec « encore cet immense désir de dépouillement devant une nature aussi belle que celle-là ».

De ces promontoires, on découvre la baie, d'un côté jusqu'à Sidi Ferruch[34], de l'autre, jusqu'à Fort de l'Eau – et même jusqu'au Chenoua, par vent d'est –, avec sa succession de plages et de golfes festonnant la large parure émeraude de cette côte ouverte sur la mer. Les hauteurs de la ville sont belles. Elles « débordent de fleurs au printemps [...] D'énormes cyprès noirs laissant gicler à leur sommet des éclats de glycine et d'aubépine dont le

34. Le lecteur trouvera, en annexe, les concordances entre les noms des villes à l'époque de Camus et leur nom actuel.

UN SOLITAIRE SOLIDAIRE

Albert Camus à quatre ans

De l'enfant, on conserve quelques photos d'un garçon au visage pâlot d'un bel ovale éclairé par des yeux vifs. À l'adolescence, le corps et le visage s'allongent et il y a chez Camus une recherche dans la mise comme dans le maintien qui le fait tendre vers une élégance sobre et raffinée. Il ressemble à ce journaliste qui suit le procès de Meursault: un jeune homme « habillé de flanelle grise avec une cravate bleue (avec) dans son visage un peu asymétrique, ses deux yeux très clairs. » Dès l'abord, c'est effectivement son regard qui marque. « On y sentait un mélange de pudeur et d'agressivité », se souvenait Louis Benisti qui évoquait « une ardeur traduisant un bouillonnement intérieur ».

Dans sa jeunesse algéroise, Camus a des airs de dandy. Charles Poncet a du mal à reconnaître en lui un enfant du « quartier pauvre » quand, en 1935, il le rencontre au sous-sol d'un café de Belcourt pour une réunion du comité *Amsterdam-Pleyel*: « Grand, très à l'aise dans un costume bien taillé, nœud papillon... L'ensemble donnait une impression de recherche. Il m'accueillit avec une réserve teintée de cordialité. Je me demandais comment cet homme élégant, tout juste sorti de l'adolescence, avait pu connaître les gars de ce quartier ouvrier. Rien en lui ne révélait qu'il fût d'Alger. Après quelques minutes de conversation, on était frappé par le regard grave qui semblait jauger l'interlocuteur, mais dans lequel s'allumait souvent, fugace, une lueur amusée. L'homme était séduisant.

C'était un intellectuel, bien sûr, mais d'une qualité inhabituelle. ».

Même si l'on ne discernait pas immédiatement chez lui les racines algéroises, Camus ne les occultait pas. « À Paris, quand il avait son bureau chez Gallimard, dès qu'il faisait un brin de soleil, il ouvrait tout grand la fenêtre et « tombait la veste – selon son expression – avant de retrousser les manches de sa chemise », se souvenait Suzanne Agnely qui fut sa secrétaire de 1946 à sa mort.

« En revanche, les jours de pluie, il évoquait souvent ses grandes parties de baignade dans le port d'Alger ou à Tipasa. Et il lançait avec regret: "Les bains Padovani… voilà ce qui me manque ici." Mais tout cela disparaissait dès qu'un ami de "là-bas" entrait dans son bureau. Il retrouvait le soleil en même temps que son accent qui transparaît encore dans les enregistrements que l'on possède. »

Albert Camus à Pornic, en août 1946

Alger, cimetière El-Keltar

Alger, théâtre municipal et café Tantonville

cheminement reste caché à l'intérieur. »[35] Ces cyprès mythiques et porteurs de vie reviennent régulièrement dans l'œuvre de Camus. Torches végétales, ces cyprès évoquent aussi bien le vieux cimetière juif de Prague que celui d'El-Kettar, où il remarque que, si ces arbres « sont d'ordinaire des taches sombres dans les ciels de Provence et d'Italie, ici, [...] ce cyprès ruisselait de lumière, regorgeait des ors du soleil. »[36]

Quand il fait beau, il aime retrouver ses amis à la terrasse du Bar des Facultés ou au Tantonville, le bar des artistes qui jouxte le théâtre et fait face au square Bresson. On « refait le monde » en échangeant des idées sur les femmes, la scène, la politique ou ses dernières lectures. Une anisette, la kémia et tant de nourritures intellectuelles ont tôt fait de remplacer le repas du soir.

« Soirs fugitifs d'Alger, qu'ont-ils donc d'inégalable pour délier tant de choses en moi ? », s'interroge Camus dans *Noces*[37] sans pouvoir vraiment apporter de réponse face à « ce ciel soudain vidé de son soleil ».

Alger, square Bresson

35. *Carnets*, I, p. 225.
36. *Op. cit.*, p. 155.
37. *Noces*, p. 39.

Alger, square Bresson

Dans cette minute ductile où « quelque chose se détend. Tout un petit peuple de nuages rouges s'étire jusqu'à se résorber dans l'air. Presque aussitôt après, la première étoile apparaît [avant de] se durcir dans l'épaisseur du ciel »[38]. Ce sont là des moments exceptionnels que Camus savoure seul ou en compagnie des amis du Théâtre de l'Équipe. La joyeuse bande se retrouve dans un petit restaurant de la pêcherie pour déguster de copieuses fritures de poissons. Parfois, on se rend au *Restaurant Marseillais* où l'addition est vite faite : chaque plat est au même prix. À la fin du repas, il suffit de compter le nombre d'assiettes pour savoir ce que l'on doit ! D'autres fois, on va « se faire un bon couscous » chez *Lamine-Debaghine*, rue de la Marine. On y mange bien et « ça coûte *oualou* pas cher ! » Chacun aime ce curieux restaurant situé au bas d'un immeuble de cinq étages menaçant de s'écrouler sous ses étais de bois. L'ocre et le blanc dominent en ce lieu qui rappelle les maisons arabes que Camus affectionne. Il les découvrira en partie grâce à son ami Jean de Maisonseul qui, vers 1930, lui fait visiter la casbah. Le jeune étudiant en architecture travaille alors avec Le Corbusier, qui aime ce quartier dans lequel il se promène fréquemment. Mesurant les marches, les ouvertures, les hauteurs sous plafond, le célèbre architecte est déjà à la recherche d'une échelle harmonique – des proportions basées sur celle du corps humain – qui aboutiront, en 1950, au *Modulor.* « J'avais présenté Camus à Corbu en 1931. Il avait été très intéressé par ses recherches, et ils s'étaient revus à plusieurs reprises. Corbu devait même, vers 1952, demander à Camus un scénario pour un film sur la Cité d'habitation de Marseille : la Cité Radieuse. Mais, ce projet n'eut pas de suite. »[39]

Camus aime également déambuler dans cette Casbah où « il arrive toujours un moment où l'on se sépare de soi »[40] quand on s'enfonce dans ces ruelles étroites et obscures chargées de parfums lourds et âcres. Il affectionne les maisons fraîches et

---

38. *Op. cit., ibid.*

39. Les témoignages de Jean de Maisonseul ont été recueillis auprès de lui par l'auteur.

40. *Carnets*, I, p. 46.

blanches dépouillées de tous artifices ou meubles superflus. Le 27 décembre 1937, il envoie un petit mot à Blanche Balain (qui publiera en 1938, chez Charlot, *La Sève des jours*, un recueil de poèmes préfacé par Camus). C'est un petit mot en forme d'invite : « Si vous étiez libre mercredi à 14 heures 30, nous pourrions aller à la Casbah. Je pourrais vous montrer ce que j'aime dans Alger – une ville où l'on peut gagner son temps. (Il y en a qui appellent ça perdre son temps.) (À condition toutefois que ça ne vous ennuie pas.) ».

Cimetière des princesses

Lors de ses déambulations, il ne manque jamais de faire un détour par le « Cimetière des princesses », puis par le *Café Fromentin*.

Depuis les rampes surplombant le port jusqu'aux collines hautes, la ville s'étage dans un chaos de blancs et de bleus qui flamboient ou se voilent selon la course du soleil ou les facéties des nuages. Camus aime ces journées qui s'alanguissent en de longues soirées parfois alourdies par le chaud sirocco messager des sables roux du désert. Il apprécie les longues promenades sur les quais grouillant de vie et de lumières ou « le silence de midi sur la place du Gouvernement »[41] qui s'anime, aux premières heures de l'après-midi, avec les appels stridents des enfants vendant des fleurs ou des boissons fraîches. Sur ce « long collier de boulevards sur la mer »[42], la nuit piquette ses ombres blanches – celles des mosquées, des maisons de la ville arabe et des immeubles festonnés d'arcades ; celles aussi des gros cargos pansus assoupis dans un port jouxtant les gares ferroviaire et maritime.

41. *Noces*, p. 38.
42. *Op. cit.*, p. 129.

Alger, une rue dans la Casbah

GAGNER SON TEMPS A LA CASBAH...

« Et nous voici dans les petites rues étroites où éclatent des fleurs tombées et de verts débris, au milieu des femmes voilées, des enfants innombrables et des Arabes silencieux.

« Les marchands, eux, palabrent sans fin, au coin des échoppes ; et, par des portes entrouvertes, on voit des pièces au plafond bas où s'entasse un peuple de gens, devant des feux primitifs où mijotent des marmites de terre rouge. Une misère chaude, un air saturé d'odeurs, aspect d'un pittoresque connu dont on peut parler facilement. Mais je connais tout cela et ce n'est pas ce décor qui me saisit, ce jour-là ; plutôt, une atmosphère et une impression de rêve... Déambulation étrange sous un crachin – il pleut doucement et toutes ces couleurs mouillées deviennent un unique chatoiement, noirci, couvert de limon...

« Nous allons, silencieux et lents, portés par nos sensations. Pour moi, sensation d'une vie souterraine, barbare et inconnue en même temps que libre ; oui, impression, soudain, d'une liberté absolue en ce monde (et je sais que c'est faux), mais c'est parce que je vois, alors, la liberté essentielle de ces êtres : la lenteur du mouvement, l'économie des gestes, l'intensité des regards, ou bien leur indifférence. Immobilité, réserve, et promptitude de l'attention servant à voir et savoir, non à plaire.

« Nous arrivons à la petite tombe des Princesses. L'arbre qui la couvre est plus beau que les tombes. Il me touche autrement que les défuntes, jadis charnelles : elles sont mortes, il vit. Figuier énorme, contourné, tourmenté comme une bête dans une souffrance. Il est pourtant d'un bois clair, aux feuilles d'or pâle, lumière triomphante, née de la cendre des siècles. Sa vie ne vaut-elle pas les belles âmes mortes ? Secrètemen,t je dis : non.

« Et d'autres rues... Nous nous trouvons dans une partie de la Casbah, que je ne connais pas.

« Voici le petit café maure, le « Café Fromentin », orné de dessins, de fresques peintes par Fromentin lui-même, c'est du moins la légende. Albert Camus me les montre sur le mur, derrière nous : ce qu'il en reste est frais, fleuri.

« Nous prenons le thé à la menthe dans des verres sur un plateau de cuivre, parlant peu, nous faisant semblables à « eux », immobiles et contemplatifs, jouissant de ce glissement continu autour de nous, de cette liberté apparente d'une vie où, parfois, jaillit le rire ou le cri d'un enfant.

« [...] Il dit : « Regarde comme ils sont... Ils sont plus civilisés que nous. » ».

Témoignage de Blanche Balain

Alger, rue de Tombouctou

Alger, les rampes et la gare des autobus

Toute saison est belle en cette ville heureuse.

Au printemps, elle se pare de couleurs et de senteurs enivrantes – glycines, jasmins, roses aux parfums de miel et bourdonnement d'insectes dans un ciel éblouissant d'azur. Et pour ne pas froisser ce paysage, « un vent doux, le golfe immense et plat »[43].

L'été, à tout moment, de toute part, on entre « dans le nid de lumières »[44] de cette ville étouffant de chaleur et « les bruits qui montent et qui s'y perdent comme des ballons. Immobilité des arbres et des hommes. Sur les terrasses, Mauresques qui devisent en attendant le soir. Café qu'on grille et dont l'odeur monte aussi. Heure tendre et désespérée. Rien à embrasser. Rien où se jeter à genoux, éperdu de reconnaissance »[45].

43. *Carnets,* I, p. 225.
44. *L'Étranger,* p. 31.
45. *Carnets,* I, p. 135.

Alger, le port

En septembre viennent les premières pluies… « Après tant de violence et de raidissement, elles sont comme les premières larmes de la terre délivrée, comme si pendant quelques jours ce pays se mêlait de tendresse. À la même époque pourtant, les caroubiers mettent une odeur d'amour sur toute l'Algérie. »[46]

Cette terre mythique, tant elle le rapproche de l'antique Grèce, est pour Camus un paradis dans lequel il ne se sent pas créateur, encore moins créature, mais seulement témoin. Il est l'artiste : celui dont le rôle est d'« émouvoir le plus grand nombre d'hommes en leur offrant une image privilégiée des souffrances et des joies communes. »[47]

Même la froide saison a ses attraits. Et Camus aimait patienter jusqu'à l'hiver car il savait « qu'en une nuit, une seule nuit pure et froide de février, les amandiers de la vallée des Consuls se

46. *Noces,* p. 50.
47. *Discours de Suède,* p. 13.

couvriraient de fleurs blanches. Il s'émerveillait de voir ensuite cette neige fragile résister à toutes les pluies et au vent de la mer. »[48]

En 1937, il s'installe avec trois amies (Marguerite Dobrenn, Jeanne Sicard et Christiane Galindo) dans une villa située sur les hauteurs, la *Maison Fichu.* Camus la rebaptisera « Maison-devant-le-Monde » compte tenu de sa situation élevée dominant la baie et la foule. Il la décrit longuement, dans *La Mort heureuse*[49], comme s'accrochant « au sommet d'une colline d'où l'on voyait la baie [...], on y accédait par un chemin très dur qui commençait dans les oliviers et finissait dans les oliviers ». En montant, il y avait « les lignes bleues du ciel entre les branches, et l'odeur des lentisques le long des prés roussis où séchaient des étoffes violettes, jaunes et rouges ». Après une longue et laborieuse ascension, on poussait « une petite barrière bleue en évitant la griffe des bougainvillées et l'on avait encore à gravir un escalier raide comme une échelle, mais couvert d'une pénombre bleue où l'on calmait déjà sa soif ». Cette maison « tout entière ouverte sur le paysage était suspendue comme une nacelle dans le ciel éclatant au-dessus de la danse colorée du monde ».

De ce promontoire, où il vit serein et comme détaché du bas monde, en compagnie de ses amies et de deux chats, Cali et Gula, il découvre l'immense baie et toute cette nature bigarrée de fleurs, d'oliviers, de pins et de cyprès dégringolant à la rencontre des premières maisons de la ville. « Au cœur de cette offrande fleurissaient, suivant les saisons, des églantines blanches et des mimosas ou ce chèvrefeuille qui, des murs de la maison, laissait monter ses parfums dans les soirs d'été. »[50]

Dans cette sorte de phalanstère, Camus recherche une forme d'équilibre après sa rupture avec Simone Hié. Mais cette élévation

---

48. *Noces,* p. 113.
49. *La Mort heureuse,* p. 130.
50. *Op. cit.,* p. 131.

géographique ne suffisant pas à son plein épanouissement, et bientôt lassé de cette vie communautaire, il quitte la Maison-devant-le-Monde pour une petite chambre du centre-ville.

« C'était une véritable cellule, se souvient Blanche Balain[51]. Il n'y avait qu'un lit et une table. Les murs étaient nus et blancs. Seuls les livres entassés partout donnaient un peu de vie à cet endroit austère. »

Il en va de son existence comme de son bonheur, du goût de la vie comme de son attrait pour le suicide exorcisé à force de théories et de mythes. Bédouin qui s'ignore ou se refuse, Camus vit entre les joies simples d'amicales fêtes et l'ascèse du désert, entre le confort, les fastes du prince adulé et le renoncement de l'anachorète. Ainsi va sa vie. Ainsi va son œuvre.

Mais c'est une autre guerre qui va venir, et qui, après la maladie et la proximité de la mort ressenties lors de son hospitalisation à Mustapha, lui fait prendre conscience que son royaume est de ce monde, de cette terre ; il le perd déjà de trop l'avoir possédé. Dès 1948 (contrairement à trop d'idées reçues), il pressent l'impossible choix entre la justice et sa mère quand il écrit à Jean Grenier « [...] je ne sais où me fixer. Si seulement on sentait ici moins d'hostilité entre Arabes et Français, une retraite y serait possible [...] le pathétique de l'histoire commence à m'agacer. »

On connaît la suite... jusqu'à l'appel à la trêve civile, puis le silence commandé par l'inéluctable échec de tout compromis. Quand, en janvier 1956, Camus lancera son *Appel à la « trêve civile »*, il sera trop tard. Le pays s'est installé dans une guerre dont la France n'ose jamais dire le nom. Les communautés sont bien trop éloignées pour pouvoir se retrouver. Le clivage, la rupture entre l'intérieur et le littoral sont bien trop marqués.

51. Les témoignages de Blanche Balain ont été recueillis auprès d'elle par l'auteur.

Le *chergui* (l'Oriental) et le *gharbi* (l'Occidental) semblent désormais inconciliables.

POUR UNE TRÊVE CIVILE
EN ALGERIE

APPEL
d'
ALBERT CAMUS

ALGER
1956

C'est en 1959 qu'Albert Camus reviendra une dernière fois à Alger visiter sa mère qui, malade, habite toujours l'appartement de Belcourt. Sans doute a-t-il vécu ce dernier retour avec une nostalgie toute proche de celle évoquée par son ami Emmanuel Roblès dans *Rivages d'Albert Camus*, 1958. Il y sentait alors « cette hantise de vieillir liée à l'obsession de la mort », sans doute exacerbée par cette rupture définitive avec ses racines.

On était en janvier. Camus et Roblès étaient retournés sur une des plages qu'ils avaient fréquentées dans leur jeunesse. À la demande de Camus, ils s'étaient arrêtés à Saint-Eugène, tout près de Bab-el-Oued. « La halte fut assez brève et Camus fit danser des jeunes filles fraîches et rieuses. Il entraînait ses cavalières avec ce sens du rythme, cette aisance qui donnait la mesure de la “vocation pour les plaisirs faciles” qu'il attribue dans *Noces* à ses compatriotes et que, d'une certaine manière, lui-même partageait. »

Comme la nuit arrivait, tous deux avaient pris le chemin de Sidi-Ferruch. Il faisait froid et le vent amenait des embruns jusque sur la route, la mer était moutonnée. « Il s'est immobilisé une première fois, la main durement enfoncée dans les poches de son imperméable qu'il portait en imitant l'acteur Humphrey Bogart... C'était lui qu'il regardait s'ébattre, et lui qu'il écoutait rire dans un soleil qui ne reviendrait plus. » Ce soleil, alors occulté, au centre même de son œuvre, de sa vie.

Albert Camus au Marché aux Puces, en 1952

LA VOIX DE CAMUS, ANALYSÉE PAR BORIS CYRULNIK

Il avait une voix qui pouvait dérouter par son calme peu méditerranéen et cette inflexion neutre tout juste émaillée de terminaisons ou de syllabes plus marquées de sa passion solaire.

Pour l'éthologue Boris Cyrulnik à qui nous avons soumis des enregistrements de Camus, il est intéressant de noter combien « cette voix est plate, linéaire... un peu comme s'il voulait prendre de la distance, ne pas s'impliquer affectivement dans ce qu'il dit, mettre un écart entre la parole et le mot qu'elle porte. La mélodie de son verbe est stéréotypée, avec un débit régulier, marqué de silences d'égale distance, un peu comme une ligne mélodique de Bach. Cette élocution est typique de ce que les psychiatres appellent communément "l'isolation obsessionnelle" ».

Plusieurs des amis de Camus que nous avons rencontrés nous ont confirmé qu'il veillait à garder ses distances tout en étant cordial ou chaleureux; il établissait un espace avec ses amis comme avec son public ou avec son œuvre. Albert Camus sait parfaitement maîtriser ses émotions à la vie comme à l'écrit.

Pour Boris Cyrulnik, « les gens comme Camus sont littéralement effrayés par la puissance de leurs désirs, les personnes manifestant une "isolation obsessionnelle" vivent une sorte de jouissance coupable... jusqu'à "devenir malheureux de leur propre joie" ».

Édition originale

CHAPITRE IV

Des noces avec le monde

L'Algérie est belle, multiple et fascinante dans ses lignes, ses espaces, ses paysages. « C'est un pays à la fois mesuré et démesuré. Mesuré dans ses lignes, démesuré dans sa lumière. »[52] Mais nulle part mieux qu'à Tipasa mer et soleil ne conjuguent aussi harmonieusement leurs noces avec le monde. Aucun autre lieu n'appelle une instinctive et immédiate référence à Camus.

À soixante-cinq kilomètres à l'ouest d'Alger, au-delà des luxuriants coteaux du Sahel, Tipasa est une promesse renouvelée à chacune des escapades qu'il aime y faire en compagnie d'ami(e)s ou de camarades.

C'est alors qu'il est étudiant que Camus fait la connaissance, dans la classe de M. Poirier, d'un condisciple qui l'invite chez ses parents à Tipasa. Il y passe un week-end dans leur maison blanche à véranda dominant la cité antique. C'est une révélation et la matérialisation de toute la poésie grecque dont les mythes trouvent ici leur plénitude entre ruines et eau. Même s'il préfère y être seul, Camus est heureux de partager ses découvertes de l'antique cité. Tout ici est beauté, invitation au bonheur et à l'introspection. Il n'est certainement pas d'autre lieu où Camus se sente aussi libre, aussi ouvert au monde et en confrontation directe avec lui-même.

52. *Carnets,* I, p. 146.

Tipasa, vestiges de la ville antique

Au cœur de son œuvre se retrouve souvent, dans sa lumière et sous ses ombres, dans l'exil et le royaume, cette musique du monde dont il perçoit les vibrations essentielles entre les vagues et les pierres rousses des ruines. Dans la sensualité de l'instant, la nature et son histoire s'imposent au jeune homme. Il y trouve une grande part de son inspiration avant de devenir le mythographe de ces lieux dans de somptueuses évocations et de voluptueuses descriptions qui en exaltent la magie poétique.

Tipasa est une fête.

C'est toujours avec la même joie complice et partagée qu'on se retrouve vers sept heures trente sur le bastion, à hauteur de l'*Hôtel Aletti*. Le voyage en autocar dure près d'une heure et demie. « En fait, ça n'était jamais très long », se souvenait le sculpteur Louis Benisti. « Nous avions toujours énormément de choses à nous raconter – même si nous nous étions vus la veille. Les souvenirs ne manquaient pas quand nous longions la Pointe Pescade, les Bains Romains. C'était déjà un appel de la plage. N'allez pas vous imaginer que Camus jouait les philosophes. Il adorait nous raconter des blagues et ne détestait pas, à l'occasion, retrouver l'accent *pataouète* de *Cagayous.* »

Au-delà de Sidi-Ferruch, de Zeralda, de Castiglione, on dépasse, sur la gauche, l'énigmatique « Tombeau de la Chrétienne » sur lequel, à l'époque, on colporte bon nombre de légendes erronées. Puis le gros véhicule asthmatique entame les derniers lacets, hésitant à chaque détour entre les roseaux échevelés, les eucalyptus aux troncs glabres et des vignes noueuses coulant jusqu'à la plage toute proche. « Oh ! Benistos... regarde ! », lance Camus à l'adresse de son ami sculpteur.

Il y a toujours ce même moment d'émotion quand le Chenoua laisse apparaître l'élan de sa puissante masse. Puis, au bout d'une dernière ligne droite, c'est l'« arrivée par le village qui s'ouvre déjà sur la baie »[53] et l'entrée dans un univers bleu pigmenté de jaune s'épanouissant sous le « soupir odorant et âcre de la terre d'été en Algérie ».

Tipasa, vestiges antiques. En arrière-plan, le Chenoua

53. *Noces,* p. 11.

Tipasa a son animation propre. On y croise des marchands de fruits et légumes ambulants poussant leurs charrettes à bras, des poissonniers qui éventent leurs étals en criant la fraîcheur du produit, des bouchers dans leurs voitures rouges qui ajoutent aux couleurs et aux musiques de la cité marine.

Dans la rue principale, où les femmes sont bien moins nombreuses que les hommes. Ceux-ci vont d'un pas lent et d'une démarche solennelle. Leur longue djellaba blanche et leur turban jaune ou blanc soulignent la noblesse d'un visage souvent grave et hiératique : une véritable population romaine, dans une ville ancienne envahie par la dune qui semble monter inexorablement de la mer.

La visite sera brève : l'autocar repart sur Alger dès seize heures. Camus ne s'en plaint pas vraiment, car « il vient toujours un moment où l'on a trop vu un paysage, de même qu'il faut longtemps avant qu'on l'ait assez vu. Les montagnes, le ciel, la mer sont comme des visages dont on découvre l'aridité et la splendeur à force de regarder au lieu de voir. Mais tout visage pour être éloquent doit subir un certain renouvellement. »[54]

On quitte l'artère principale pour le port où, sur le quai, quelques pêcheurs s'affairent à remailler leurs filets. On oblique sur la gauche pour emprunter le petit escalier de pierre et s'enfoncer dans la campagne où il est fréquent de voir folâtrer des lapereaux ou des perdrix.

La végétation se fait de plus en plus riche. Tamaris aux discrètes fleurs roses, oliviers aux reflets gris et bleus font écran à la mer dont on entend déjà le clapotis monter jusqu'à la rue. Sous le pas, les parfums des herbes se mêlent, mais c'est la senteur âcre et enivrante des absinthes qui s'impose. Ce printemps 1938 est radieux. Comme lors des précédentes ou des futures visites, Camus parle de choses banales ou graves.

---

54. *Op. cit.*, p. 19.

« Il était intarissable, expliquait Louis Benisti, et c'était un plaisir d'écouter ce jeune homme utilisant un langage inspiré du XVIIIe siècle et sautant de l'art à la philosophie avec le même bonheur et la même érudition. Il était capable de citer les classiques dans le texte, de tirer des projections métaphysiques à partir d'un évènement de l'instant qui nous aurait paru anodin. »

Camus ne prenait pas de notes. Doté d'une mémoire exceptionnelle, il retranscrirait plus tard ses impressions ou ses images. Entre autres citations retrouvées dans les pages de ses livres après les avoir entendues, Blanche Balain, dont Camus fit éditer les poèmes chez Charlot, se souvenait de la première phrase de *Noces*: « Au printemps, Tipasa est habitée par les dieux et les dieux parlent dans le soleil et l'odeur des absinthes, la mer cuivrée d'argent, le ciel écru, les ruines couvertes de fleurs et la lumière à gros bouillons dans les amas de pierres. »

Au fur et à mesure de son avancée, chacun des visiteurs ressent la croissante présence de la mer qui enfle et assaille le rocher d'une vague mesurée, ronde et pleine. « Les yeux tentent vainement de saisir autre chose que les gouttes de lumière et de couleurs qui tremblent au bord des cils. L'odeur volumineuse des plantes aromatiques racle la gorge et suffoque dans la chaleur énorme. »[55] Moment d'intense réalité où les hommes et la nature semblent suspendus dans la même fixité. Les bruissements les plus imperceptibles s'estompent face au noir « Chenoua qui prend racine dans les collines du village et s'ébranle d'un rythme sûr et pesant pour aller s'accroupir dans la mer »[56].

Des colonnes s'élancent vers le ciel. Dans l'amphithéâtre paissent quelques moutons. Depuis les gradins supérieurs, on peut, en un regard circulaire, reconstituer les lignes

---

55. *Op. cit.*, p. 11.
56. *Op. cit.*, *ibid.*

Tipasa

harmonieuses du petit théâtre, du nymphée aux marbres brisés, des *villae* dont subsistent les fondations et quelques riches pavements estompés par le temps et les pas. Plus loin, vers l'est, des nécropoles ouvertes glissent jusqu'au ressac des vagues, toutes festonnées de lentisques, saxifrages ou giroflées. Somptueux cimetière marin où chaque homme semble renaître au contact d'une mer féconde. En ce vaste amphithéâtre ouvert sur le Chenoua et cerné d'un rideau d'oliviers, de mimosas, de chênes-verts et d'eucalyptus, les ruines alors prennent vie et, dans leur hymen avec les flots, incitent à céder au culte de Tanit.

Dans cette fête de la nature, toute chose redevient simple, et Camus partage ses mots avec la même spontanéité que son amitié. On s'arrête un moment. On s'assied sur une marche, au pied d'une colonne ou près d'un pan de mur. Dans le silence, chacun s'imprègne de la splendeur de la nature qui se métamorphose suivant l'angle sous lequel on la découvre, selon les extravagances ou les caprices de la lumière dans les arbres, sous les taillis, sur les ruines ou sur l'eau.

Au cœur de la cité antique, Camus vit alors « un grand jour de noces avec le monde ». D'observateur à acteur, d'acteur à témoin, il parvient à s'insérer parfaitement au cœur de cette exaltation païenne et dionysiaque.

« Il me suffit de vivre de tout mon corps et de témoigner de tout mon cœur. Vivre à Tipasa, témoigner, et l'heure d'art viendra ensuite... À Tipasa, je vois équivaut à je crois et je ne m'obstine pas à nier ce que ma main peut toucher et mes lèvres caresser. »[57]

Camus caresse la pierre grêlée d'un sarcophage, cueille un brin d'absinthe qu'il écrase lentement entre ses doigts pour en percevoir l'essence amère et forte. Le soleil cligne puissamment derrière les paupières mi-closes. En contrebas, la plage de

57. *Op. cit.*, p. 18.

Albert Camus à Tipasa, en 1935, avec (de gauche à droite) Christiane Galindo, Yvonne Miallon et Madeleine Jaussaud

TIPASA - Sarcophage dit "Sarcophage Chrétien"

Matares glisse paresseusement entre Chenoua et grand large. Une *pastera* aux couleurs vives attend, rames contre coque, l'appel d'un nouveau périple… Ou, plus modestement, le calme vagabondage d'une pêche à la traîne ou à la palangrotte.

Perchés sur de hauts pilotis, quelques cabanons de couleurs vives se tiennent en retrait comme s'ils craignaient les humeurs de la houle qui n'en finit pas de souffler son haleine d'écume.

Il faut alors avancer vers l'eau et le ciel, œil et corps ouverts – la beauté fastueuse du site fait cortège au barbare, retournant inexorablement vers les flots.

« Entre les dalles du forum, l'héliotrope pousse sa tête ronde et blanche et les géraniums versent leur sang sur ce qui fut maisons, temples et places publiques. Comme ces hommes que beaucoup de science ramène à Dieu, beaucoup d'années ont ramené les ruines à la maison de leur mère. Aujourd'hui enfin leur passé les quitte, et rien ne les distrait de cette force profonde qui les ramène au centre des choses qui tombent »[58].

58. *Op. cit.*, p. 13.

Camus est porté à cette pleine jouissance naturelle dont aucun Méditerranéen ne peut se sentir honteux. Bien au contraire. Il revendique avec passion cette exubérance physique, cette profonde union avec la nature. « J'appelle imbécile celui qui a peur de jouir »[59], écrit-il dans *Noces*.

En ces années où il souffre de tuberculose, les « promesses de bonheur »[60] suffisent à tout diluer dans cet univers généreux, béni des dieux, où seul le bonheur est de mise. Ici, « l'échine solide du Chenoua » calme chacun « d'une étrange certitude. »[61]

Une boucle sur la droite, et l'on gravit différents petits coteaux dont chacun, en son faîte, réserve une surprise, une promesse, « comme ce temple dont les colonnes mesurent la course du soleil et d'où l'on voit le village entier, ses murs blancs et roses et ses vérandas vertes. Comme aussi cette basilique sur la colline est : elle a gardé ses murs et dans un grand rayon autour d'elle s'alignent les sarcophages exhumés, pour la plupart à peine issus de la terre dont ils participent encore »[62].

Camus se retourne en direction de ses amis qui se sont attardés à l'ombre. « Eh ! Venez voir par là… » Ils arrivent à sa hauteur et découvrent un nouveau panorama, avec, sur la colline opposée, l'antique basilique Sainte-Salsa. Ils l'écoutent leur parler de cet édifice chrétien avec des précisions que pourrait lui envier un archéologue. Son approche du lieu est toujours différente car « chaque fois qu'on regarde par une ouverture, c'est la mélodie du monde qui parvient jusqu'à nous : coteaux plantés de pins et de cyprès, ou bien la mer qui roule ses chiens blancs à une vingtaine de mètres. »[63]

On quitte le promontoire pour rejoindre, à l'opposé, Matares, la grande plage de sable fin sur laquelle errent quelques chiens efflanqués qui s'éloignent en aboyant sans la moindre conviction.

59. *Op. cit.*, p. 18.
60. *La Mort heureuse*, p. 186.
61. *Noces*, p. 14.
62. *Op. cit.*, *ibid.*
63. *Op. cit.*, *ibid.*

Très vite, tout le monde se retrouve en maillot de bain, y compris Camus qui abandonne son traditionnel costume gris. Il est toujours le premier à se mettre à l'eau, se glissant dans l'élément fluide à la manière d'un grand squale. Il « nageait régulièrement et sentait les muscles de son dos rythmer son mouvement. À chaque fois qu'il levait un bras, il lançait sur la mer immense des gouttes d'argent en volées, figurant devant le ciel muet et vivant les semailles splendides d'une moisson de bonheur. »[64] Se coulant dans la vague longue, il ressent « le saisissement, la montée d'une glu froide et opaque » et cette impression de glisser en un lit moelleux ouvert comme une marée prenant possession de son corps, il s'éloigne de la rive jusqu'à atteindre cette nuit insondable cachée dans les entrailles de la mer…

On improvise des jeux avant de regagner la plage, fourbus, essoufflés mais épanouis, heureux. Là, on se laisse littéralement tomber sur le sable, face au soleil ; on frictionne vigoureusement les corps avec les grandes serviettes de bain qui laissent les corps salés et écrasés de chaleur. Dans ce moment de silence assourdissant couvrant jusqu'au baiser des vagues, on reçoit en plein ventre « les coups sourds de la montagne qui semble en travail »[65].

Sur le coup de midi, on remonte vers les ruines pour partager un casse-croûte très frugal. D'autres fois, on rejoint un petit café proche du port, la tête lourde cognant sous les « cymbales du soleil et des couleurs »[66]. La salle est fraîche, et même si on n'y mange pas très bien, l'ombre douce de la pièce et un grand verre de menthe à l'eau suffisent au bonheur de chacun.

À Tipasa, chacun pourrait se nourrir de fruits mûrs et savourcux. Pour quelques sous, on peut s'offrir, selon les saisons, des oranges, des prunes, des figues, des melons ou des abricots, mais ce sont surtout les pêches qui marqueront Camus.

64. *La Mort heureuse,* p. 193
65. *La Mort heureuse,* p. 179.
66. *Noces,* p. 17.

Il aime y croquer en pleine chair, après que quelqu'un les lui a pelées, car il ne supporte pas le contact de leur peau. Et l'on rit en se moquant quand le jus des fruits mûrs dégouline sur le menton…

Les heures qui suivent le déjeuner sont généralement consacrées à de nouvelles promenades dans les ruines. Parfois, le groupe se lance dans de longues discussions à l'ombre d'un des arbres qui bordent la voie principale. C'est avec la même fougue que l'on parle de théâtre ou que l'on évoque les mérites comparés des équipes de football qui tiennent la vedette. Camus lance, en joignant le geste à l'accent : « Nous marchons à la rencontre de l'amour et du désir. Nous ne cherchons pas de leçons, ni l'amère philosophie qu'on demande à la grandeur… » Louis Benisti, près de cinquante ans après, évoquait l'un de ces moments d'extrême densité et de paix partagée dans la brûlure du soleil et du sel. « Nous étions tous assis sur un banc, sous un grenadier en fleurs. Il faisait doux et, toujours aussi loquace, Camus nous parlait. Il évoquait cette minute, que je devais retrouver transcrite mot pour mot dans *Noces.* Camus regardait la campagne "s'arrondir avec le jour" ». Et il disait à haute voix cette image comme un peintre prenant croquis sur le vif. « Au-dessus de moi, un grenadier laissait pendre les boutons de ses fleurs, clos et côtelés comme des petits poings fermés qui contiendraient tout l'espoir du printemps. »[67]

À seize heures, c'est le moment de se regrouper autour du gros autocar aux couleurs de citron. À l'affliction de l'abandon du site se substitue rapidement l'allégresse collective. Dans un dernier regard circulaire, Camus s'imprègne du lieu, des couleurs, des lumières et des parfums qui retrouveront vie quelques heures plus tard, quand, rendu à sa solitude, il retranscrira sur son cahier d'écolier ses belles coulées de poésie d'une journée à laquelle il ne manquera pas le moindre soupir.

---

67. *Op. cit.,* p. 19.

Le temps passe. La mémoire de Tipasa subsiste… Le 30 mars 1953, Albert Camus déjeune à Paris avec ses amis Jules Roy et Gabriel Audisio. La conversation porte en grande partie sur l'Algérie dont tous trois se sentent également éloignés et physiquement privés. Camus propose d'organiser, pour le printemps suivant, une réunion d'écrivains algériens. À Tipasa, bien sûr… Tout le monde est d'accord, et on se quitte en promettant de faire avancer le projet, chacun de son côté. À l'automne suivant, Paul Raffi, un haut fonctionnaire du gouvernement général, rencontre Camus qui lui fait part de son projet : il y souscrit et propose même de donner plus d'ampleur à cette manifestation en créant un festival de théâtre qui pourra déployer ses fastes entre Alger et Tipasa. Camus est séduit. Quelque temps plus tard, il rencontre Jacques Chevalier et Paul Raffi. On confirme cette volonté et chacun décide d'en dresser des esquisses.

« Nous pourrions monter une adaptation des *Possédés* de Dostoïevski », propose Camus qui pense à cette adaptation depuis longtemps. Quelques-uns de ses proches lui suggèrent une pièce plus populaire. Il se montre réticent : un vaudeville ou un drame banal dans un site d'exception comme Tipasa… Ce serait déplacé !

Un autre aspect du problème sera bientôt avancé par quelques-uns de ses amis : une collaboration avec une administration « libérale mais bourgeoise » risquerait de lui faire du tort. Il marque un temps, puis, après réflexion, refuse « pour des raisons personnelles mais non politiques ». La décision a été douloureuse, pénible pour cet homme pressentant les meurtrissures du lendemain et qui, « las de la solitude, désirait ardemment faire quelque chose pour sa vraie patrie », comme le confiera plus tard Paul Raffi. Un peu avant le début de la guerre d'Algérie, un projet assez proche verra le jour, avec la mise sur pied de l'association "Les amis du Théâtre algérien". La fraternisation par le théâtre... C'est peut-être utopique en ces temps où les protagonistes algériens de cette association (comme Amar Ouzegane) sont, pour la plupart, convaincus que la seule solution au problème algérien est l'indépendance.

Revenu vers la métropole, Camus souffre de sa vie parisienne trop essentiellement littéraire et mondaine, sans soleil ni vagues bleues. À son ami Charles Poncet, il demande, en 1954, de lui trouver une location à Tipasa. Loin de ses racines, il cherche sans doute à puiser au plus profond de son attachement à cette terre qui lui manque et qu'il n'a de cesse de retrouver et d'aimer. Nulle part ailleurs qu'à Tipasa il ne pourra retrouver ces « évangiles de pierre, de ciel et d'eau » qui font le credo quotidien de son exil. Il se remémore sans doute cette ultime image de la cité antique sous l'hiver, retrouvée deux ans plus tôt, alors qu'il veut « fuir la nuit d'Europe, l'hiver des visages »[68].

Avec une obstination déraisonnée, il retourne à Tipasa sachant que « c'est une grande folie, et presque toujours châtiée, de revenir sur les lieux de sa jeunesse et de vouloir revivre à quarante ans ce qu'on a aimé ou dont on a fortement joui à vingt »[69]. Comme au lendemain de la Première Guerre mondiale, Camus reprend le chemin des ruines, sous la pluie. À la manière d'un homme qui aurait à expier un bonheur, à tourner définitivement une page ou à se convaincre de quelque mythique aporie. Il retrouve ses ruines, toujours aussi proches des vagues et du Chenoua embrumé. Trop de pluie cependant a délavé le chant des oiseaux, le parfum des absinthes, des géraniums et des giroflées. Les rues sont désertées. Les grenadiers dénudés pleurent sur l'asphalte noir et le soleil dispute son éther à d'énormes nuages s'écrasant sur les promontoires d'alentour. Dans les rues de la cité oubliée, Camus traverse « des champs couverts d'arbres amers »[70]. Il laisse aller sa main en une longue caresse sur les pierres humides et les hautes colonnes brunes. Il avance sous la pluie et ne tarde pas

68. *Op. cit.,* p. 156.
69. *Op. cit.,* p. 156.
70. *Op. cit.,* p. 157.

à remarquer que les ruines sont désormais ceintes de barbelés. On ne peut plus y pénétrer que par des passages autorisés et surveillés et il est interdit, « pour des raisons que, paraît-il la morale approuve, de s'y promener la nuit »[71]. Le jour, lapereaux et perdrix s'effacent devant un gardien portant au bras une large plaque de cuivre signifiant son autorité. Le grand théâtre de la vie, l'éden du retour-à-soi, le forum du bonheur charnel, l'agora de l'innocence et de la sensualité du monde sont désormais confisqués !... Pourtant, rien n'a vraiment changé dans le paysage, et, sous l'orage, la nature promet encore de belles et radieuses brassées de couleurs et de parfums, des gerbes d'écume sous les corps des nageurs, et tous ces merveilleux bruissements d'odeur mêlés de fleurs et de chair.

Aujourd'hui encore, les ruines glissent lentement vers la mer dans leur festonnement de lourdes plantes aux fortes exhalaisons. De séculaires oliviers n'en finissent pas de s'agripper au ciel à force de tortueuses ramées. Les pierres grêlées d'embruns témoignent du futur. Là, au bout d'un

71. *Op. cit., ibid.*

chemin escarpé menant à un promontoire d'où l'on découvre la Tipasa nouvelle, une étroite plate-forme marque la halte. Un antique linteau romain dressé et gravé par Louis Benisti perpétue la présence de Camus. Son ami sculpteur y inscrivit en 1960 cette phrase lancée au-delà des barbelés – avant même leur existence : « Je comprends ici ce qu'on appelle la gloire : le droit d'aimer sans mesure. »[72] Le nom de Camus porté en signature a subi quelques dégradations : celles des hommes. Mais sa présence résiste au temps. Et quiconque se rend en ces lieux vit aujourd'hui ces *Noces* de la terre et de son destin changeant. Dans les senteurs printanières, dans le ressac de la mer hésitant entre dune stratifiée et altière montagne, il est impossible aujourd'hui de ne pas s'arrêter un moment sur la musique de Camus, légère et forte comme celle d'un homme conquis par cette terre qui repose « après s'être donnée au soleil, son ventre tout mouillé d'une semence au parfum d'amande amère »[73]. À livre ouvert, chacun de nous découvre et vit dans l'antique Tipasa ces « noces avec le monde ».

Tipasa, linteau d'époque romaine sur lequel, en 1960, Louis Benisti, ami sculpteur de Camus, grava cette inscription : « Je comprends ici ce qu'on appelle la gloire : le droit d'aimer sans mesure. Albert Camus »

---

72. *Op. cit.*, p. 16.
73. *La Mort heureuse*, p. 185.

CHAPITRE V

Oran : à la recherche du Minotaure

Chantée par le maître Jean Grenier dans *Santa Cruz et autres paysages africains*, Oran ne trouvera que très rarement grâce aux yeux de celui qui la choisit pour y propager *La Peste*... Ce que bien des Oranais pardonneront difficilement à Camus. L'épidémie de choléra ayant sévi en 1849, suffisant amplement à la funeste mémoire de la ville.

Alger ne cessa d'être la ville heureuse et Oran semble bien être devenue la cité noire. Au propre comme au figuré... C'est un procès sans doute excessif, qui perdure de nos jours, et qu'il convient de nuancer quand on lit Camus par-delà ses romans.

Aux yeux de Camus, Oran serait « une ville ordinaire et rien de plus qu'une préfecture française de la côte algérienne. La cité elle-même, on doit l'avouer, est laide »[74]... Et, suprême insulte, dernier outrage pour une ville méditerranéenne : elle tourne le dos à la mer. Voilà qui insupporte Camus qui ne parviendra jamais à s'y sentir chez lui, à s'y intégrer, à sortir d'un ennui qui sera son compagnon quasi quotidien durant les vingt mois qu'il passera là, de janvier 1941 à août 1942. Jeune marié, il partage avec sa nouvelle femme un appartement jouxtant celui dc sa belle-mère, situé au premier étage de la rue d'Arzew, au-dessus des arcades. Albert est enseignant, comme son épouse Francine. Cependant, seul son travail littéraire le

74. *La Peste*, p. 11.

Albert Camus à Oran, en 1941

préoccupe vraiment. Il vient de terminer le premier « cycle » de son œuvre avec *L'Étranger*, *le Mythe de Sisyphe* et *Caligula* qui tous trois illustrent l'absurde. Il travaille à son second cycle qui comprendra *La Peste*, *Le Malentendu* et *L'Homme Révolté*. Beaucoup de travail... Mais, c'est pour lui une nécessité.

Ceci étant, l'atmosphère d'Oran ne lui réussit pas. Camus ne trouve pas dans cette cité, favorisant trop les habitudes, l'environnement et toute l'exubérance qui faisaient son exaltation à Alger.

Comment imaginer une ville sans pigeons et sans arbres ? Impossible à concevoir pour cet Algérois qui, comme tous ses concitoyens, nourrit un véritable mépris à l'égard de la cité adverse. Nul rapprochement possible entre les deux villes qui, à la manière antique, règlent leurs différends dans les jeux du stade. Camus résume assez bien le dilemme, dans *Noces* : « Les Algérois laissent entendre que les Oranais n'ont pas l'usage du monde. Ce sont là des injures plus sanglantes qu'il n'y paraît, parce qu'elles sont métaphysiques. Et faute de pouvoir s'assiéger, Oran et Alger se rejoignent, luttent et s'injurient sur le terrain du sport, des statistiques et des grands travaux. »[75] N'empêche qu'Alger est bien plus belle qu'Oran ! Selon Camus qui en apportera autant de preuves que nécessaire, n'hésitant pas même à recourir à une mauvaise foi caustique, parfois confondante tant elle est charpentée d'un langage élégant... dont seuls les Algérois, bien sûr, peuvent avoir le secret ! N'hésitant pas à prendre Vaugelas à témoin, ils vantent depuis toujours la finesse de leur langage et la qualité de leur prononciation – à nulle autre pareille –, jetant l'anathème sur ces Oranais qui ont la fâcheuse habitude de prononcer « on » ce que la phonétique impose de dire « an ». Aussi se moque-t-on d'eux, en ressassant inlassablement des phrases du type : « À Oron avec vingt ronds on s'assit sur un bon. » Camus oublie

75. *Noces*, p. 91.

un peu vite que le verbe s'asseoir – à l'instar de bien d'autres – est conjugué de la même manière au quartier de Bab-el-Oued ou… à Belcourt que sous les remparts de Santa Cruz !

Pourtant, à ses yeux, le mot laideur serait sans doute celui qui qualifierait le mieux la cité oranaise. Ce qualificatif lui conférerait même une aura maléfique. C'est pourquoi, sans doute, préfère-t-il n'y voir « qu'un lieu neutre » dans lequel il n'est possible d'appréhender le changement des saisons qu'à la lecture du ciel. « Le printemps s'annonce seulement par la qualité de l'air ou par les corbeilles de fleurs que de petits vendeurs ramènent des banlieues : c'est un printemps qu'on vend sur les marchés »[76]. Oui, Camus s'ennuie à mourir dans cette ville à laquelle il ne trouve décidément aucun attrait. Même les saisons y seraient insignifiantes : « Pendant l'été, le soleil incendie les maisons trop sèches et couvre les murs d'une cendre grise ; on ne peut plus vivre alors que dans l'ombre des volets clos. En automne, c'est, au contraire, un déluge de boue. Les beaux jours viennent seulement en hiver. »[77]

Pareille infortune de la nature est sans aucun doute compensée par la qualité des hommes et des femmes vivant sous d'aussi funestes cieux !… Pas même. Camus poursuit son réquisitoire, avec la même véhémence, prétextant que dans cette ville on travaille durement, mais avec le seul et unique souci de s'enrichir… Ce qui tendrait à prouver que ces basses préoccupations sont inconnues à Alger !

Il nuance à peine son propos en reconnaissant que les Oranais aiment vivre au contact de la nature, qu'ils aiment les femmes, la mer et le cinéma… « Mais très raisonnablement ». Ces plaisirs sont cantonnés au samedi soir et au dimanche, puisque le reste de la semaine est consacré aux choses de l'argent. Pour ce guide dans la cité abritant – malgré elle – le Minotaure de

---

76. *La Peste,* p. 11.

77. *op.cit.,* p. 11.

Oran, Santa Cruz

Oran, place Kléber

Oran, la cathédrale

Oran, boulevard Séguin

Oran, le port

l'ennui, « les désirs de plus jeunes sont violents et brefs, tandis que les vices des plus âgés ne dépassent pas les associations de boulomanes, les banquets des amicales et les cercles où l'on joue gros jeu sur le hasard des cartes »[78].

D'Oran, il retient ce « grand mur circulaire et jaune recouvert d'un ciel dur. »[79] Dans les rues, c'est la poussière et les cailloux qui le disputent à la chaleur et à « un défilé de jeunes filles imparfaites et émouvantes, visages sans fard incapables d'apprêter l'émotion, simulant si mal la coquetterie que la ruse est tout de suite éventée. »[80]

Point de beauté, pas le moindre détail pour faire oublier cette lourde monotonie pesant sur la ville dont l'auteur ne voit que des cafés crasseux, un mauvais goût affiché aux vitrines des boutiques de photographes surannées et d'une abondance de magasins funéraires. Quant aux plaisirs des jeunes, ils sont simples : « Se faire cirer les souliers et promener ces mêmes souliers sur le boulevard »[81]... Si l'on en croit l'insatiable décrypteur des laideurs oranaises, il ne faut surtout pas manquer les combats de boxe au *Central Sportif Club* de la rue du Fondouk. Pour peu qu'un « coriace Oranais qui n'a pas désarmé [soit opposé à un] puncheur algérois », c'est à une séquence historique que l'on peut assister en direct du ring des alentours.

— « Crève-le ! »

— « Chiqué ! »

— « Donne-lui sa mêêêre ! »

L'Algérois doit tomber sous les accents d'un tonitruant « Sambre et Meuse » distillé par un vieux pick-up dont le crachouillis couvre celui des boxeurs et d'une foule en délire.

— Anda ! Hombre !

---

78. *op.cit.,* p. 12.
79. *Noces,* p. 85.
80. *Carnets,* I, p. 188.
81. *Noces,* p. 81.

Généralement, il vaut mieux être rompu à l'art pugilistique, car à la moindre contestation (et il y en a souvent), c'est dans la salle que se poursuit le combat.

Fort heureusement, les plaisirs de l'esprit et les trésors de l'art ne font pas défaut à Oran ! Camus se gausse tout particulièrement de la « Maison du Colon » dont les vertus sont « la hardiesse dans le goût, l'amour de la violence et le sens des synthèses historiques. L'Égypte, Byzance et Munich ont collaboré à la délicate construction d'une pâtisserie figurant une énorme coupe renversée »[82]. Et il ne faut pas rater les deux lions de la place d'Armes, le Caïn de bronze que sa matière empêche (hélas) de périr… L'embarras du choix est promis au visiteur de cette ville au cœur de laquelle « tout le mauvais goût de l'Europe et de l'Orient (se sont) donné rendez-vous ».

On pourrait s'étonner de pareil et aussi excessif rejet de la part d'un Camus qui aurait dû légitimement trouver à Oran une part de son hispanité. Plusieurs éléments conjugués justifient, sans doute, cette aversion affichée, sans aucune bienveillance. D'abord, Camus souhaitait retourner à Alger, mais il lui fut impossible d'y trouver un emploi. Le voilà donc coupé de ses amis, du théâtre et de Charlot, dont il devra être un conseiller littéraire par correspondance, comme il l'avait été depuis juillet 1940 de Clermont-Ferrand et de Lyon. Il souffre de cette absence de contacts, des distractions et discussions littéraires que la guerre n'a pas réussi à entamer. Les membres du Théâtre de l'Équipe souhaitent créer de nouvelles pièces, Camus est sollicité et il entreprend avec eux de mettre en scène le *Don Juan* de Molière. Mais comment faire pour répéter ensemble quand la liaison entre Oran et Alger implique une nuit de train ? Il faut donc mettre à profit les vacances scolaires. Camus est extrêmement fatigué ; la nourriture est rare, même au marché noir. Son poumon est douloureux et il souffre de

82. *Op. cit.*, p. 97.

Oran, concert à la Promenade de l'Étang

Oran, une fête au Village Nègre

rechute et de crachements de sang. Quelques mois plus tard, au début de l'année 1942, les choses sont plus sérieuses : le deuxième poumon est atteint.

« On aurait tendance à penser que c'est Oran qui le rend malade », hasardait son ami Jules Roy dans une émission réalisée pour *France Culture* par Jean Montalbetti. Fatigue et isolement s'ajoutent à certaines bassesses qui sont le propre des guerres : c'est le temps de la suspicion, des petitesses et de l'immoral profit. La peste est partout, à Alger comme à Oran, mais ici elle semble encore plus critique, plus étouffante. On sent Camus prisonnier de ce mal, enfermé dans un univers qui le prive de ses références, de ses repères naturels.

Ce désert est le pire de ceux qui lui soient imposés, puisque « sans âme et sans recours »[83], mais il est également celui dans lequel il aura toute liberté de créer, hors de toutes sollicitations esthétiques ou poétiques. Rien dans cet espace neutre ne peut troubler la réflexion, l'imaginaire. Comme pour son Jean Tarrou, dans *La Peste*, les premières notes inscrites sur le carnet de bord de Camus pourraient être « curieuse satisfaction de se trouver dans une ville aussi laide par elle-même ».

Pourtant, l'exilé cède parfois à la sollicitation de la lumière et de paysages révélés. Le rocher de Sisyphe est retombé. Il s'efforce de le remonter vers les hauteurs, de quitter les rues poussiéreuses et les gens gris, le soleil sans éclat et Canastel pour la montagne de Santa-Cruz. Camus y entrevoit tout de même, sur le bord de routes trouées d'ornières, des fleurs : des pâquerettes et des boutons d'or qui « en font des allées fastueuses, brodées de jaune et de blanc »[84]. De Santa-Cruz, il estime que tout a été dit… Référence évidente au livre de Jean Grenier qui a vanté les beautés de ce site. Cependant, aux pèlerins votifs qui se lancent à l'assaut du raidillon de

83. *Op. cit.*, p. 77.
84. *Op. cit.*, p. 103.

pénitence, Camus préfère ceux qui, solitaires, « cheminent dans la pierre rouge, s'élèvent au-dessus de la baie immobile, et viennent consacrer au dénuement une heure lumineuse et parfaite »[85].

Il a deviné, dès son arrivée, la présence du Minotaure. Dès lors, il lui faut retrouver ce fil d'Ariane qui mène à la mer salvatrice dont seront d'ailleurs privés acteurs et victimes de la peste avant d'y retourner dans un premier geste essentiel de purification. Même si, pour évoquer les plages oranaises, il parle de déserts de sable, il est évident que ceux-là sont les espaces auxquels il aspire vraiment depuis l'enfance de Belcourt et les longues évasions aux Sablettes ou à Tipasa.

Se déplaçant à bicyclette – seul moyen de locomotion accessible et bon marché en cette époque de guerre mondiale –, il se rend sur les plages proches, comme celle de Canastel où il retrouve une mer « immobile au pied des falaises rouges. Deux caps somnolents et massifs dans l'eau claire. Le petit bruit d'un moteur qui monte vers nous [...] un excès dans l'indifférence et la beauté »[86]...

Ces plages perdent, hélas, de leur calme, à la période estivale, quand elles sont assaillies de familles bruyantes embarrassées d'enfants hurleurs. Il les préfère solitaires et hivernales : « Ce sont alors des plateaux couverts d'asphodèles, peuplés de petites villas nues, au milieu des fleurs. » Le vent léger, le soleil encore pâle et la blancheur des fleurs laissent déjà augurer de l'été et de sa « moisson de filles fleurs »[87]. On sent alors souffler une lyrique exaltation au travers de laquelle le culte du corps et de sa pleine jouissance dans le contact avec la nature reprend ses droits.

En juillet 1942, Camus passe une semaine dans une petite ferme appartenant à la famille maternelle de son amie algéroise

85. *Op. cit.*, p. 104.

86. *Carnets*, I, p. 190.

87. *Noces*, p. 104.

Francine et Albert Camus

Francine et Albert Camus avec leurs jumeaux Catherine et Jean, à Bougival, en 1945

Francine et Albert Camus à Canastel, près d'Oran, en 1942

Francine et Albert Camus avec leurs amis les Bénichou, à Canastel, près d'Oran, en 1942

Marguerite Dobrenn. Elle est située à une centaine de mètres de la plage oranaise d'Aïn-El-Turk. En cet univers de dunes où ne subsiste aucune trace du passage de l'homme, il avance dans ce nouveau désert que la vie ne trouble presque pas. « De loin en loin, un berger arabe fait avancer sur le sommet des dunes les taches noires et beiges de son troupeau de chèvres. » Les bruits s'évanouissent comme l'eau sans cesse bue par le sable de la rive. Aux longues promenades – souvent solitaires – succèdent de grands moments d'attente où, allongé sur le sable, il se repaît de cette nature bienfaisante sans autre préoccupation que celle de s'y intégrer, de s'y fondre entièrement.

Comme pour se préserver des événements et de tous les risques de la brune maladie survivant aux remèdes et au temps, il se laisse aller au seul plaisir de l'attente, à la plénitude du bonheur qui, alors, est assez proche de celle qu'il a connue à Tipasa. « Sur ces plages d'Oranie, tous les matins d'été ont l'air d'être les premiers du monde. Tous les crépuscules semblent être les derniers, agonies solennelles annoncées au coucher du soleil par une dernière lumière qui fonce toutes les teintes. » Derrière cette promesse se dessine pourtant le drame, avec ses couleurs qui ne cèdent plus à la nuance… « La mer est outremer, la route couleur de sang caillé, la plage jaune. Tout disparaît avec un soleil vert : une heure plus tard, les dunes ruissellent de lune. Ce sont alors des nuits sans mesure sous une pluie d'étoiles. »

Camus savoure ces journées exceptionnelles. Se levant très tôt, il se met à l'eau dès que l'aube a estompé les dernières moiteurs sombres de la nuit et c'est « un être neuf qui fend l'eau, si lourde à porter, de la nuit »…[88]

Dans le silence appris de longue enfance, il retrouve cette dune déserte qui lui est familière. Il sait qu'il peut, à tout moment,

88. *Op. cit.*, p. 105.

s'y rendre et que « le ciel déversera encore sa cargaison de souffle et d'étoiles ».

Oran s'ennuie d'habitudes et de monotonie. Elle ne sait pas qu'elle est « assiégée par l'innocence et la beauté ».

Camus parviendra-t-il à déstabiliser la torpeur de cette cité endormie?

Un jour un rat, puis un autre…

Les Oranais pardonneront difficilement à l'auteur de *La Peste* d'avoir choisi leur ville comme théâtre du Mal. Peut-être par superstition et dans la crainte de voir ce mal sourdre sous le verbe. Peut-être aussi parce que, confusément, ils se sont reconnus dans cette torpeur seyant si mal à ces fils de marins andalous qui conquirent la cité et la firent prospérer, malgré une histoire très fertile en événements, mutineries et exactions de toutes espèces.

Que la ville enfin se retourne pour faire face à la mer dont elle fut issue… Vœu mythique pour Camus qui, justement, souffre de ne trouver en ces lieux d'enfermement, ni mythes, ni héros susceptibles de vaincre un Minotaure insatiable.

La plaie restera ouverte entre Camus et Oran, même si, dans la réédition de 1953, l'auteur du *Minotaure ou la halte d'Oran* se croit obligé de prévenir que cet essai a été rédigé en 1939 et qu'Oran a sans doute changé depuis. Il concluait: cette « cité heureuse et réaliste […] n'a plus besoin d'écrivains: elle attend des touristes ».

Oran n'avait pas beaucoup changé, mais Camus pensait sans doute qu'il avait apporté sa pierre au changement, à la métamorphose…

Aujourd'hui encore, Oran et Alger se détestent cordialement.

Aujourd'hui encore, les stades restent les lieux privilégiés pour exorciser le mal et en découdre « d'homme à homme ». Le large ravin sépare toujours la cité en deux et la vieille ville reste tapie entre les falaises boisées du Murdjajo et de Châteauneuf.

Les plages sont belles, même si le Tletat, devenu zone industrielle, ne constitue plus vraiment le « recueillement avant la descente aux délicieux enfers »[89]. Reste la splendide falaise de Kristel, qui peut rivaliser avec bien des sites algérois. Mais il semble bien que depuis la création d'Ifri (premier nom d'Oran dès la préhistoire), le rapprochement soit demeuré impossible entre ces deux « peuples » d'égal orgueil et de proche chauvinisme. Chacun étant persuadé de détenir les fondements de la tragique beauté algérienne... Alors, ce grand cœur brisé entre deux amants terribles, autant laisser Edmond Brua en recoller les morceaux. Camus, qui connaissait des passages entiers de *La Parodie du Cid*, aurait sans doute approuvé Chipette :

« Dans mon cœur en morceaux, la tête y reste *intaque*;

« Et le cœur, ça fait rien qu'y sont bons, les morceaux,

« La colle y peut chauffer, je prends pas le pinceau ».

Tout ça, c'est du chiqué... du *chaclala*!

Envers et endroit d'un même soleil. Ombre portée d'une lumière trop vive; enfermement opposé à ce libertinage parfois incontrôlé et non réfléchi... Oran et Alger sont les deux faces de cette pièce trouvée par Camus dans les ruines de Tipasa. L'une encore discernable, l'autre usée jusqu'au métal. Les deux formant ce témoignage d'une même époque, d'une égale entité.

---

89. *Carnets,* I, p. 186.

CHAPITRE VI

Hors des rivages, point de mémoire

La vie naquit de l'eau et du soleil… Ce mythe grec, Albert Camus le fait sien, lui qui gardera une prédilection pour les cités maritimes. Qu'il s'agisse d'Alger ou de Tipasa, le voilà qui se laisse aller tout corps offert à la lumière, à la chaleur, aux parfums et à l'amante vague. Ici la nature est complète et l'homme peut s'y fondre à loisir depuis ce vaste théâtre ouvert sur des horizons sans limites. Un bonheur qu'il retrouve — avec plus d'angoisses et de réticences — dans ce désert qui permet d'aspirer à la grandeur et de se retirer entre ces dunes rappelant la plage d'Aïn-El-Turk.

Alger, boulevard Front de Mer et Pointe du Fort des Anglais

Il n'est pas ce que l'on appelle, en Algérie, un homme « de l'intérieur ». Son espace est relativement limité. S'il voyage beaucoup à l'étranger, il connaît assez mal son propre pays. Ce qui, selon certains, pourrait expliquer la quasi-absence d'Arabes dans son œuvre littéraire comme dans son entourage physique et intellectuel. La population *indigène* reste à la fois énigmatique et discrète pour cet homme qui paraît mal connaître son histoire, sa sociologie, sa langue et sa religion. Il serait faux pourtant d'y voir une forme de rejet ou de négation.

Camus œuvrera, en tant que journaliste, pour que ces hommes et ces femmes aient droit au pain, à la santé, à l'instruction (française), à la dignité, à l'expression de leurs droits et de leurs aspirations... – Hormis celle de l'indépendance, à laquelle il ne croira jamais. Pour des raisons identiques à celles citées plus haut et se traduisant par une coupure entre les deux communautés. On l'a vu, quand, en janvier 1956, Camus lance son appel à la trêve civile, les dites communautés sont déjà bien trop éloignées pour pouvoir se retrouver.

Lui, il vit au bord de la mer. Là où la présence indigène est la moins importante. De plus, ses escapades algériennes sont généralement très courtes et ne lui permettent pas une vraie prise de contact avec les gens du bled, avec les paysans illettrés qui généralement ne parlent que leur dialecte et la langue du Coran dont Camus ignore tout. Seuls les lieux et les paysages font lien entre les hommes de la terre et cet homme de la mer.

Dans son œuvre, dans ses *Carnets* ou sa correspondance, on trouve peu de traces de ses pérégrinations dans cette Algérie intérieure. Comme s'il avait fui devant ces cités sans rivages, craignant de n'y pas retrouver son ancrage.

Plage de Saint-Cloud

C'est sans doute au cours de l'été 1930 que Camus a dû quitter Alger pour la première fois. Il a alors dix-sept ans et vient d'être victime des premières atteintes de la tuberculose. Il vit chez l'oncle et la tante Acault. Il quitte la rue Michelet pour Saint-Cloud-sur-Mer, une station balnéaire agréable située à trois kilomètres et demi de Bône. On ne retrouve pas de trace de ces vacances dans les écrits de Camus… À moins que celles-ci ne soient à l'origine de son intérêt pour le plus célèbre enfant de Thagaste, saint Augustin, et pour le néoplatonisme. Une découverte ou une affirmation qui se traduira en 1936 par un diplôme d'études supérieures présenté par celui qui n'est alors qu'un (brillant) étudiant en philosophie.

On sait que, faute de pouvoir se présenter à l'agrégation du fait de sa maladie, il devra renoncer à l'enseignement… D'autant que – nous l'avons vu précédemment – la première affectation qui lui fut proposée comme enseignant a été Sidi-bel-Abbès.

Encore une ville de l'intérieur, située à soixante-dix-huit kilomètres d'Oran la mal-aimée. Une ville triste, étouffante de chaleur et de monotonie. Camus n'y restera qu'un seul jour. Appréhendant ce que pourrait avoir de « définitif une semblable installation », il se rebelle, il refuse. Comme il l'écrit dans ses *Carnets*, à la date du 4 octobre 1937, « J'ai reculé devant le morne et l'engourdissant de cette existence. Si j'avais dépassé les premiers jours, j'aurais certainement consenti. Mais là était le danger. J'ai eu peur, peur de la solitude et du définitif [...] Ce qui m'a fait fuir, c'était sans doute moins de me sentir installé que de me sentir installé dans quelque chose de laid. »[90]

De Tiaret, par où il a transité, Camus n'aura pas rapporté, non plus, de souvenirs impérissables. Cette ville accrochée aux flancs de l'Ouarsenis ne lui suggère aucun commentaire. Il est vrai que, mis à part l'*Hôtel d'Orient* (une merveille de l'art colonial), la cité rasée par Bugeaud en 1841 n'a alors rien de notable, hormis le spectacle bucolique de gamins veillant sans conviction sur quelques moutons aux laines grasses.

Tiaret, carrefour Bugeaud-Cambon

90. *Op. cit.*, p. 88.

Blida, marabout

Quelques jours plus tard, le 17 octobre, Camus passe par Blida, cité heureuse chantée par Gide comme « petite rose du Sahel » et que les ancêtres andalous ont mise en beauté à force de plantations d'arbres et de fleurs. C'est le symbole de la riche Mitidja dont la terre généreuse porte ses fruits à profusion. Au milieu d'une forêt d'oliviers et d'orangers, la ville est ceinturée d'un mur qui s'ouvre sur six portes, et elle offre le spectacle inattendu d'un kiosque à musique construit autour d'un palmier.

Il reviendra sur les hauteurs dans les semaines suivantes, plus exactement à Chréa, station de ski réputée de l'Algérois. L'air y est vif et piquant, et, de ces pics enneigés culminant à 1 500 m, le spectacle est grandiose.

Pour le voyageur qui s'aventure dans l'Atlas, qui prend rapidement de l'altitude, le paysage ressemble alors à une oasis. Camus est séduit par ce promontoire qu'il gravit au couchant.

Blida-Chréa, un sentier dans la forêt

Alors, « la nuit comme un lait est une douceur, avec sa grâce et sa méditation ». Spectacle changeant mais tout aussi séduisant à l'aube… « Le matin sur la montagne avec sa chevelure rase ébouriffée de colchiques – les sources glacées – l'ombre et le soleil – mon corps qui consent puis refuse. »[91] Sans doute profite-t-il de cette halte pour marcher dans la nature. Mais la fatigue vient vite, même si son poumon ne le fait pas trop souffrir : « Le corps, vrai chemin de la culture, il nous montre nos limites. »

Un peu plus tard, il retourne dans cette région avec Louis Guilloux. Tous deux participent alors à des rencontres littéraires à Sidi-Madani et Camus se plaît à retrouver ces « villages groupés autour de points naturels et vivant chacun sa vie propre. Des hommes vêtus d'étoffes blanches et longues, dont les gestes précis et simples se détachent sur le ciel toujours bleu. Les petits chemins bordés de figuiers de

91. *op. cit.*, p. 90.

Barbarie, d'oliviers, de caroubiers, de jujubiers. On y croise des hommes avec des ânes chargés d'olives. Les visages sont bruns et les yeux clairs ». Un paysage écrasé de lumière qui ne séduit pas complètement Guilloux qui aimerait y voir « juste quelques petits nuages ! »

En 1937 encore, Camus occupe un emploi à la météorologie algérienne et dans la troupe théâtrale d'Alec Baltus qui deviendra plus tard celle de *Radio-Alger*. Il effectue quelques tournées, mais il n'en reste que peu de traces. Hormis une annotation dans les *Carnets*, strictement informative : « La troupe en tournée à Bordj-bou-Arreridj »[92]. Située à près de 1 000 m d'altitude, cette petite ville de la Medjana ne figure pas sur les itinéraires touristiques. Il y fait froid. Camus ne s'attarde pas. Pas plus qu'il ne le fera à Constantine, « perchée au-dessus des gorges de Rummel » et qui « fait penser à Tolède. »[93] Une vision un peu sommaire, même si elle se veut flatteuse. Comme si elle résultait d'un regard circulaire et furtif

Constantine, le pont El-Kantara et sortie des Gorges du Rhummel

92. *op. cit.*, p. 144.
93. *Noces*, p. 125.

Constantine, la Cascade

au cours d'une halte trop brève. Au palais du *bey* et à la « tour » du Khroub, à la corniche kabyle festonnée d'abrupts rochers allant se désaltérer dans une mer d'exception, Camus préfère la formule carte postale : « Constantine a un pont suspendu où l'on se fait photographier. Les jours de grand vent, le pont se balance au-dessus des profondes gorges du Rummel et on y a le sentiment du danger. » Clic-clac... On s'en va !

Pressé ? Désabusé ?

Devenu journaliste à *Combat*, Albert Camus revient en 1945 dans cette même région. Il est à peine dans la capitale quand éclatent les "événements" de Sétif, le 8 mai 1945. Il sera le seul journaliste français à en rendre compte avec une lucidité prospective. Il évoque les « défilés particuliers des musulmans souffrant d'une famine endémique » qui avaient été autorisés par le préfet de police à célébrer la victoire en Europe. Les manifestations dégénèrent rapidement en émeutes. Des slogans in-

Sétif, la Fontaine monumentale

dépendantistes fusent, des drapeaux vert et rouge, frappés de l'étoile et du croissant, des banderoles jaillissent avec un mot d'ordre commun : indépendance de l'Algérie. Un coup de feu, et la manifestation se transforme en affrontement sanglant. Selon les autorités françaises, 1 500 Arabes sont tués au cours de cette manifestation qui dure plusieurs jours. Selon les nationalistes algériens, le bilan aurait atteint 35 000 à 50 000 morts. On comptera également 103 morts européens.

Camus pressent une fracture irrémédiable quand il écrit son article : « J'ai lu dans un journal du matin que 80 % des Arabes désiraient devenir Français. Je résumerai au contraire l'état actuel de la politique algérienne en disant qu'ils désiraient effectivement mais qu'ils ne le désirent plus. »

« D'interminables étendues de terres à blé, sans arbres et sans hommes. De loin en loin, un gourbi et une silhouette frileuse qui chemine sur une crête et se découpe à l'horizon. Quelques corbeaux et le silence. Rien où se réfugier – rien où accrocher une joie – ou une mélancolie qui pourrait être féconde. Ce qui s'élève de ces terres, c'est l'angoisse et la stérilité. » Ces quelques lignes figurent dans le carnet de Camus, sans précision de date. Tout juste peut-on les situer en avril 1939. Une seule certitude : cette évocation lapidaire et assez désabusée se rapporte aux Hauts Plateaux et au Djebel Nador. Bien qu'éloignés, ces lieux rappellent à Camus les fameuses gorges de la Chiffa où une myriade de petits singes effrontés guettent en permanence toute présence humaine, en quête de cacahuètes, de fruits ou victuailles de toutes sortes. L'eau abonde, la verdure aussi. Il fait frais et on en profite pour marquer une halte au cabaret portant en devanture une pompeuse appellation : *Repos de Sainte-Hélène*. À moins qu'on ne lui préfère les abords ombragés de la toute proche maison forestière du Camp des Chênes.

Le Djebel Nador se singularise cependant de cette immense coupure de l'Atlas. Ici, lentisques, cactus, aloès et oliviers s'effacent devant des peupliers, des saules et des ormeaux. De vastes étendues se déroulent sous une vigne prospère et jalousement entretenue. Camus ne paraît pas très sensible à cet environnement. Pas plus qu'à Tiaret, dont il parle à la ligne suivante dans ses *Carnets*, même si elle est située beaucoup plus loin dans la région de Mascara. Le village, qui occupe l'emplacement d'un ancien établissement romain, respire l'ennui. Et, il n'en rapporte qu'un souvenir tout à fait insignifiant. Quelques notes, jetées à la hâte, en témoignent :

« À Tiaret, quelques instituteurs m'ont dit qu'ils s'emmerdaient.

« — Et qu'est-ce que vous faites quand vous vous emmerdez ?

« — On se noircit.

« — Et après ?

« — On va au bordel. »[94]

Camus confesse qu'il a accompagné les enseignants au bordel, malgré la neige et [ou à cause de] leur ébriété. Il s'est acquitté d'un droit d'entrée de deux francs et la porte s'est ouverte sur « une salle immense, rectangulaire, curieusement peinte de bandes obliques, noires et jaunes. On dansait au son d'un pick-up. Les filles n'étaient ni belles ni laides ».

De Trézel, traversée en 1941, il ne rapporte que le souvenir, peu touristique, d'un thé à la menthe pris dans un café maure et de la « rue des filles » qui, il est vrai, s'appelle « rue de la Vérité ». Morne ennui dans cet univers glauque où « la passe est à trois francs ». Le « spleen » ne masque pas l'ironie et le voyageur croque parfois quelques clichés de la vie quotidienne dont il fera usage plus tard. Ainsi, à Tolba, il est témoin d'une

94. *Carnets*, I, p. 150.

bagarre qu'il utilisera quasi intégralement dans *L'Étranger*: « Je suis pas méchant mais je suis vif. Je saute à droite et à gauche. L'autre il m'a dit: "Descends du tram si tu es un homme." — Je lui ai dit: "Allez reste tranquille." — Il m'a dit: "Tu es pas un homme." Alors je suis descendu et je lui ai dit: " Assez, ça vaut mieux, ou je vais te mûrir." « — "De quoi?" Alors je lui en ai donné un. Il est tombé. Moi, j'allais le relever. Alors il m'a donné des coups par terre. Alors je lui donné un coup de genou et deux taquets. Il avait la figure en sang. Et je lui ai dit: "Alors, tu as ton compte?" — Il a dit: "Oui". »

Que ses pas ramènent Camus vers les rivages, et le voilà qui retrouve son exaltation, exaltation qu'il ne peut connaître que dans la proximité de la mer. Ainsi exprime-t-il une intense joie en mars 1948, face à la petite baie précédant Ténès. Au flanc abrupt d'une chaîne de montagnes, elle se présente en « demi-cercle parfait. Dans le soir tombant, une plénitude angoissée plane sur les eaux silencieuses. On comprend alors que si les Grecs ont formé l'idée du désespoir et de la tragédie, c'est toujours à travers la beauté et ce qu'elle a d'oppressant. C'est une tragédie qui culmine. Au lieu que l'esprit moderne a fait son désespoir à partir de la laideur et du médiocre »[95].

Ses déplacements algériens amèneront bientôt Camus à rechercher ses racines. Lui qui ne connut pas son père veut retrouver les origines de sa famille. C'est ainsi qu'en décembre 1952, alors âgé de trente-neuf ans, il fait une sorte de pèlerinage dans le Sahel et se rend à Ouled-Fayet, berceau de sa famille paternelle... Du moins le croit-il à cette époque. Plus tard, il découvrira que les ancêtres de son père étaient du Bordelais.

Une fois de plus, il reprend la route de Tipasa pour atteindre ce petit village modeste et sans attrait. Rien ici ne peut retenir celui qui n'a d'autre intérêt que le labeur. Dans le cimetière, il retrouve

95. *Carnets,* II, p. 240.

une pierre tombale portant le nom de Camus. Rapidement, il tourne le dos à ces paysages durs et limités dans leur espace. « La mer, je ne m'y perdais pas, je m'y retrouvais »[96], note-t-il dans ses *Carnets*. Il ne souffre pas de limites. Pas plus celles de Dieu et des dogmes que celles des accidents naturels. Ce « poète de l'aurore », comme l'appelait Jean Grenier[97], souffre de ne pouvoir respirer à plein corps. Jean de Maisonseul se souvenait d'avoir amené Camus à Orléansville en 1955. Il avait une réunion de chantier sur le futur théâtre de la ville, et il laissa sa voiture à Camus qui se promena dans la campagne. Quand il revint, le soir, il était blême et il lâcha à son ami : « Que ce pays est tragique ! » Il l'était. Et Camus ne voulait en connaître que l'endroit radieux et solaire.

En 1936, il avait décidé d'entreprendre un long voyage en Europe centrale. Trois semaines par voie fluviale et en kayak, durant l'été. Albert Camus et Simone Hié, qui était alors son épouse, avaient été subjugués par les photographies ramenées par Yves Bourgeois au terme d'un voyage effectué l'été précédent sur d'autres cours d'eau de cette splendide région.

Avant de s'entraîner à pagayer dans le port, tous les trois mettent à profit les vacances de Pâques, pour passer deux, trois jours à Téniet-el-Had, dans l'Ouarsenis.

C'est un long voyage quand il faut couvrir les cent quatre-vingts kilomètres séparant Alger du « col du Dimanche »[98] avec un vieil autobus poussif, dont le conducteur semble aussi peu soucieux des horaires que du confort de ses passagers menacés par les nombreuses ornières de la route. Fort heureusement, la forêt de cèdres, toute proche, et le Rond-point des Cèdres, qui offre un splendide panorama sur la plaine sont autant de promesses permettant d'endurer la chaussée défoncée, les effluves d'essence et la plainte lancinante des moutons, poules ou dindons voyageant sur la galerie du vieil autocar.

---

96. *Op. cit.*, p. 290.

97. Jean Grenier, *Albert Camus, souvenirs*, p. 92.

98. Traduction française du nom de cette ville.

Aussitôt arrivés, chacun gagne sa chambre pour un court repos. « Mais il était rare que nous soyons tous trois ensemble. Simone et Camus se promenaient chacun de leur côté, j'en faisais autant. À d'autres moments, nous jouions aux dames, Camus et moi. Mais de cèdres ou de forêt… pas question ! », se souvenait Yves Bourgeois. « Ce couple était à l'image d'un couple libéré avant la lettre. Personne ne rendait de compte à l'autre. »

Un demi-siècle après cette escapade à Téniet-el-Had, Yves Bourgeois voyait en Camus « un pur intellectuel citadin. Il ne sait pas l'arabe, il ne connaît pas le bled, ni les massifs berbères, ni le Sud. Les « Arabes » – cette dénomination chère aux ignares – ont été pour lui des figurants, ou un problème social, non une communauté, une histoire, un univers qui se réveillait ».

Même point de vue pour Kateb Yacine[99] qui nous faisait remarquer : « Certaines pages de Camus sont très belles, mais les Algériens sont absents, pour ne pas dire escamotés, comme dans *L'Étranger*… Il suffit de le comparer à Faulkner : Faulkner parle l'argot des Noirs dans le sud des États-Unis. Certains

Teniet-el-Had, le marché

99. Lettre de Kateb Yacine à l'auteur.

de ses personnages, comme Christmas, dans *Lumière d'août*, dominent toute son œuvre, même s'il a des accents racistes que Camus dissimule. C'est toute la différence entre l'écrivain et le moraliste. » Très sévère, même si ce point de vue « d'un écrivain sur un autre, est nécessairement subjectif », pour reprendre Kateb Yacine.

S'il semble excessif et parfaitement inapproprié de penser que Camus peut être raciste, on peut comprendre cette forme de rancœur de tant d'hommes qui se reconnaissaient en lui et ne l'ont pas rencontré au moment où ils étaient en quête de ce témoin, de ce défenseur qu'il ne pouvait pas, qu'il ne pouvait plus être.

Néanmoins, c'est évacuer un peu rapidement son engagement journalistique en faveur des plus démunis, de ce peuple sans voix. S'il n'a jamais cru à une Algérie indépendante, il a toujours milité pour une égalité des droits entre les différentes communautés. L'oublier serait faire injure à une grande partie de son œuvre, à son attachement à l'Algérie.

Albert Camus, dessin de Marie Viton

ENTRE JUSTICE ET MÈRE[1]

La lecture de l'œuvre de Camus peut laisser perplexe, ses personnages étant rarement des Arabes. Ou alors, ils font partie de silhouettes (souvent majestueuses) qu'il croise dans sa jeunesse au sein de son quartier de Belcourt, à Tipasa, dans la Casbah, en Kabylie ou dans le Sud algérien. Mais il ne se trouve pas d'exemple où ils soient nommés.

Ce n'est plus du tout le cas quand le journaliste Camus prend la plume.

Dans son ouvrage consacré à *La Littérature algérienne d'expression française*[2], Ghani Merad dresse un portrait politico-sociologique d'Albert Camus qui reste d'actualité chez une majorité d'Algériens. Pour lui, « *bien qu'il ne se fût jamais mêlé à la population musulmane, Camus en avait tout de même vu la misère effroyable, en particulier dans le cadre de ses reportages sur la Kabylie* ». Cet auteur algérien rappelle l'intervention de Camus en vue d'une ultime réconciliation par le biais de son « *Appel à la trêve civile* », prononcé dès 1956... – « *Un appel rempli de bonnes intentions mais dénué de portée.* » C'est tout de même ignorer l'action et l'implication de Camus en tant que journaliste.

Il est vrai qu'à première vue, on a l'impression que Camus fait la sourde oreille à cette notion politique essentielle du XXe siècle : le droit des peuples à disposer d'eux-mêmes. Comme tant d'autres de ses compatriotes, il semble convaincu, par-delà l'histoire passée de l'Algérie, de la mission civilisatrice de la France. Il écrit d'ailleurs: « *Je ne puis non plus approuver une politique de démission qui abandonnerait le peuple arabe à une plus grande misère, arracherait de ses racines séculaires le peuple français d'Algérie et favoriserait sans profit pour personne, le nouvel impérialisme qui menace la liberté de la France et de l'Occident.* »[3] Ce qui fait réagir vivement Ghani Merad pour qui « *Bidault ou Debré n'auraient pas mieux parlé. Le souci majeur de Camus était de préserver les Européens d'Algérie...* ». Voilà qui est sans doute excessif tout en résumant assez bien le tiraillement que connut Albert Camus, ce que d'aucuns ont pu qualifier d'ambiguïté ou de refus d'engagement. Le jugement est courant mais hâtif.

EN AVANCE SUR SON TEMPS

Si Camus reste intimement et physiquement lié à cette enfance pauvre, force est de reconnaître qu'elle ne fut que rarement partagée avec les Arabes au-delà de jeux de la rue, de parties de foot ou de plage. Néanmoins, il prend très vite conscience de leur existence et de leur pauvreté, bien supérieure encore à celle qui fut la sienne. Il prend leur parti à longueur de colonnes, dans *Alger Républicain*, *Combat* ou *l'Express*. Alors, les excès et les méprises du colonialisme ne trouvent pas de grâce à ses yeux.

Dès l'âge de dix-neuf ans, il écrivit des articles pour attirer l'attention des Européens, les exhorter à plus de justice et d'équité. Il ne cessera de lutter, à travers ses comptes-rendus de procès, ses reportages, ses éditoriaux pour que la communauté musulmane accède aux mêmes droits que la communauté européenne. Il est de ces rares journalistes qui, à l'image de Barrucand ou d'Isabelle Eberhardt, ont très tôt attiré l'attention sur ces problèmes latents trop longtemps ignorés.

À ce propos, le témoignage d'Amar Ouzegane[4] est extrêmement intéressant. Pour ce leader de la révolution algérienne, ancien secrétaire général du parti communiste à Alger dans les années 1930, puis membre du gouvernement Ben Bella, « Albert Camus, avant son adhésion au PC était proche de la cause nationale. Il n'était pas un militant paternaliste, mais vraiment sincère ». En 1935, le « fait colonial » n'intéresse ni ne préoccupe grand monde, hormis le PC qui, selon Ouzegane, luttait sur deux axes : la lutte contre le fascisme et contre l'impérialisme pour l'indépendance des colonies, parfois avec une certaine tiédeur, ce dont Camus lui tiendra rigueur en quittant ses rangs. Attitude exceptionnelle au regard de celle d'une majorité de Pieds-noirs communistes qui ne souscrivent pas alors à l'idée d'une Algérie indépendante. Ce qui impliquera la dissolution de certaines cellules comme celles de Sidi-Bel-Abbès ou de Blida. Tel n'était pas le comportement de Camus qui, se souvient encore Amar Ouzegane, « était à l'avant-garde en 1935. Je le considérais comme les Européens arabisés qui avaient accepté et s'étaient quasiment identifiés aux Arabes, Aux Algériens, qui considéraient que la lutte pour l'indépendance de l'Algérie passait avant la lutte contre le fascisme en Europe ».

ASSIMILATION UTOPIQUE

Pourtant Camus changera progressivement d'opinion, estimant même, au début de la guerre d'indépendance, que « l'indépendance nationale est une formule purement passionnelle ».[5] Pour Amar Ouzegane, cette nouvelle attitude serait liée à sa rupture avec le parti communiste : « Il avait perdu le contact avec les éléments révolutionnaires conséquents [...], avec moi et avec les communistes qui étaient partisans à la fois de l'indépendance de l'Algérie et de la lutte anti-hitlérienne. Il a retrouvé des éléments beaucoup plus modérés, beaucoup plus en arrière. »

En quittant le PC, Camus s'éloigne peut-être de certaines réalités politiques, des aspirations algériennes profondes dans un contexte qui change inexorablement. Ses multiples activités gomment un peu sa mémoire militante au profit d'une réflexion plus globale. La célébrité venant, il sait combien il est guetté par ses détracteurs et évite de se transformer – comme eux – en donneur de leçons.

Un autre élément important peut expliquer les nouvelles positions d'Albert Camus : il a quitté l'Algérie quatorze ans avant le déclenchement de ce qu'on appellera pudiquement « les événements ». Même s'il y retourne régulièrement – y compris dans le cadre de reportages – il n'est plus en immersion réelle dans cette Algérie en pleine mutation.

Et puis, il croit toujours à un accord possible, en l'harmonie de l'homme avec sa terre, en une assimilation, une intégration qui ne sont plus d'actualité. Comme d'autres Européens libéraux, il est porteur de culture, de progrès. Il manque souvent de recul et de clairvoyance face à cette terre dont chaque lopin gagné sur la misère attache le paysan pauvre à lui-même par sa foi, par cette fatalité commune convergeant vers un serviteur devenu providentiel : celui exalté par le Coran.

TROP TARD

À la violence aveugle fera écho un légitime instinct de survie, une volonté tragique d'exister sur cette terre maternelle où la justice commande de [sur]vivre. « Je ne cesse pas de craindre, en faisant état de longues erreurs françaises, de donner un alibi, sans aucun risque pour moi, au fou criminel qui jettera sa bombe sur une foule innocente où se trouvent les miens »[6], écrit Camus qui condamne la violence dans les deux camps et revendique pour les Pieds-noirs le droit de rester sur cette terre sur laquelle ils vivent et travaillent depuis cent vingt-neuf ans.

Il est trop tard. Trop tard pour effacer certaines pages d'histoire de la colonisation. Trop tard pour gommer des différences toujours plus criantes, éloignant les deux communautés. Comme le résume violemment Yves Bourgeois, « Camus n'a pas peint l'Algérie, il l'a transfigurée et s'en est échappé. »[7]

Chaque « Pied-noir » est confronté à ce choix entre justice et mère. Choix impossible puisque, comme l'écrivit Morvan-Lebesque, « Mère et Justice ne font qu'un. L'enracinement exige, pour que les fruits de la plénitude jaillissent, la justice sur le sol natal. L'Algérie avait-elle deux sortes d'enfants ? Politiquement oui, nationalement non. Camus n'a aucune peine à démontrer qu'il est Algérien au même titre que les Arabes. »[8] Une démonstration qui ne passera pas, même si, comme le précise Morvan-Lebesque, « il est vrai que les Français d'Algérie ont commis le crime de déraciner les Arabes sur leur propre terre. »

Pour Kateb Yacine, Camus apparaissait « comme un libéral tiraillé entre deux patries. Sa vie était en France et ses racines en Algérie. Il passait pour le maître de "l'école d'Alger", mais c'était avant tout un écrivain français de notoriété internationale, un futur Prix Nobel. Tout bien pesé, il était plus français qu'algérien. On ne peut le lui reprocher, mais il faut en finir avec le mythe de "Camus l'Algérien" ».

Mouloud Mammeri se veut plus nuancé et n'hésite pas à rejoindre Camus dans cet esprit cynique dont il se recommandait. Comme il nous l'écrivait à propos de la fameuse formule prononcée après l'obtention du Prix Nobel... : « Pourquoi vouloir à tout prix établir (ou rétablir) une cohérence tout à fait désirable dans l'abstrait mais peut-être plus difficile à réaliser dans la vie ? J'en suis même arrivé à me demander un jour si Camus n'avait pas cédé ce jour-là à la tentation de lancer une telle formule... et tant pis pour ce qu'il y a derrière. Il est difficile de faire endosser à Camus l'insouciance politique dont les Pieds-noirs sont morts sans avoir compris. Mais... ».

Personne ne pourra jamais apporter une réponse satisfaisante à ce dilemme, d'autant que le recul de l'Histoire permet aujourd'hui cette forme de sérénité détachée, cette lucidité relative qui n'était pas possible dès lors que les acteurs de la même histoire avaient le nez collé à la vitre et se heurtaient à la lumière comme autant de mouches phalènes, de part et d'autre de ce même soleil, indistinctement partagé. Différemment apprécié.

L'Orient et l'Occident se rejoignent jusque dans l'écartèlement par la voix de Himoud Brahimi, poète algérien. Lui qui rappelle cette parole du Prophète : « Le paradis est au pied des mères ». Et chacun, aujourd'hui encore, cherche « sa » justice.

NOTES

[1] « En ce moment on lance des bombes dans les tramways d'Alger. Ma mère peut se trouver dans un de ces tramways. Si c'est cela, la justice, je préfère ma mère. » (Albert Camus, extrait de la postface du *Discours de Suède*, in Jean Sarrochi, *Variations Camus*, Séguier, 2005, n. 1, p. 8.

[2] Oswald éditeur.

[3] ACt.III. 2/12.

[4] In « Un homme, une vie, Albert Camus » : une série d'émissions diffusées par France Culture.

[5] Pl.II. p. 1113.

[6] Pl.II p. 892.

[7] Interview accordée à l'auteur.

[8] Camus par lui-même p. 128.

CHAPITRE VII

Clameurs dans le désert

À la tombée du jour, attardé sur la plage, l'enfant regarde au loin. Allongé, la joue contre le sable réchauffé par une longue journée de soleil, il cligne des yeux sous le sel. Alors se mêlent en dunes souples et mobiles la plage et l'eau gonflant sous les pulsations lentes du flux et du reflux.

Le soleil, déjà près de l'horizon, est masqué par cette houle jouant de sa lumière ocre, de ses inflexions mauves et de ses ombres lourdes portant « un grand silence lourd et sans fêlure »[100] au plus profond de chaque chose d'un monde alors figé.

Désert de dunes du côté de Ghardaïa

100. *Noces,* p. 23.

Djemila, le Théâtre antique, autrefois

Djemila, le Théâtre antique, actuellement

« C'est comment le désert ? » Simple et vaste question à laquelle il n'est pas facile de répondre. Les gamins du « quartier pauvre » s'interrogeaient parfois. Sans avoir les mots pour le décrire, les uns l'imaginaient comme une sorte d'étrange mariage de la mer avec une plage sans limites. D'autres prétendaient que c'était une invention de voyageurs fous ou de romanciers, et qu'il fallait cheminer longtemps dans sa tête avant de fouler les dunes. « C'est là qu'est le grand *zeg-zeg…* », prétendait Mohand, qui suivait l'école coranique : il citait volontiers la sourate dans laquelle le prophète évoque le désert et l'immense acacia de paradis à fleurs de miel, dont l'ombre est si large qu'il faudrait un siècle entier à un cavalier expérimenté pour la franchir sur un cheval puissant. « C'est des *tchalefs*… Rien qu't'y'inventes ! », répondait régulièrement Roger, dont le père était camionneur et faisait la route du Sud…

Ce n'est qu'à trente-neuf ans que Camus, quittant son exil, retourne vers Tipasa (alors barbelé) avant de se rendre seul dans le désert. Il fait alors penser à ces bédouins qui, las des bruits de la ville et des compromissions de la foule, s'en vont vers ces lointaines terres où l'homme et Dieu parlent « bouche à bouche ». Voyage vers l'intériorité et la négation d'un dieu aphone dans le silence du désert… Sa vie durant, Camus aura été tiraillé entre la solitude et la foule, entre la réflexion et les spectateurs, entre la nature et les hommes.

D'autres déserts sont à découvrir, dans la vacuité de l'espace et l'immensité de l'histoire. Ainsi en est-il de Djemila, où il se retrouve « en face des pierres et du silence »[101].

Comme il l'écrit dans *Noces*, il faut beaucoup de temps pour arriver à Djemila. C'est là comme un regret exprimé de s'y être rendu en avion avec Marie Viton et de n'avoir sans doute pas pu faire cette longue route, en saisir les changements de

101. *Op. cit., ibid.*

paysages et de reliefs, de lumières, de couleurs. Mais, il lui reste à franchir cette route en lacets qui « semble promettre, à chacun de ses tournants », avant de laisser approcher du regard « son squelette jaunâtre comme une forêt d'ossements », entre quatre hautes montagnes sauvegardant la beauté et la révélation de « cette leçon d'amour et de patience qui peut seule nous conduire au cœur battant du monde »[102]. Ces hauts plateaux du Constantinois sont plus raides que les versants du Chenoua, pourtant Djemila ramène à Tipasa par ce témoignage d'une nature où les ruines survivent aux hommes, à leurs civilisations. Paupières closes un court instant, le voyageur perçoit « ce grand cri de pierre que Djemila jette entre les montagnes, le ciel et le silence »[103].

Djemila actuellemnt

102. *Op. cit.,* p. 24.
103. *Op. cit.,* p. 32.

Camus touche alors au premier souffle du désert, à ce vent qui le creuse « par le milieu », le polit, l'use « jusqu'à l'âme » et le façonne « à l'image de l'ardente nudité »[104] qui l'entoure. Cette approche du désert – nous ne sommes là, en fait, que sur les hauts plateaux ! –, c'est celle du ciel et du soleil conjugués à ce vent chaud ressemblant au simoun et à la lumière. La vie s'exprime encore. Plus évidente qu'il n'y paraît. Sous les dalles se cachent les oiseaux gris qui claquent au ciel de leurs ailes déployées, à l'approche de l'intrus. De gros lézards verts se glissent entre les joints de pierres. Des hommes en burnous gris poussent des ânes lourds qui avancent sans bruit contre le vent têtu. Deux ruisseaux glissent lentement vers des vallées et se donnent bientôt des allures de cascade. Si le vent se fait bruyant, si la vie tente de se manifester avec outrecuidance, ils ne parviennent pas à masquer les quelques notes haut perchées venues d'une flûte invisible. Comme un appel à d'autres voyages, une transition entre les bruissements de Djemila et les froissements de dunes plus lointaines. Toujours les mêmes reconnues à Tipasa par Camus en balade ou par Meursault que la maladie et le crime ne doivent pas empêcher de mourir heureux, « pierre parmi les pierres [...] dans la joie de son cœur et la vérité des mondes immobiles »[105].

Avertissement, appel, souvenir onirique ? Camus est quasiment obsédé par ces trois notes qui le ramènent vers les rivages. Quand il les retrouvera, il ira poser sa joue sur le sable et regardera le soleil jouer de ses ombres et de ses couleurs sur les vagues de dunes. Là où « rien n'arrête plus le vent »[106].

Si la mer se retire, ç'en est fini de la course vers l'eau purificatrice, des jeux de corps dans le contact de l'eau. Alors revient cette question posée à la mer, à la nuit ou à des cieux lourds et purs comme celui découvert à Djemila : « Qu'est-ce que le bleu et que penser du bleu ? C'est la même difficulté pour la mort.

---

104. *Op. cit.*, p. 25.
105. *La Mort heureuse*, p. 204.
106. *p.1 II – p. 1835.*

De la mort et des couleurs, nous ne savons pas discuter »[107]. Inutile de discourir quand on se retrouve tel Cakia-Mouni, sage et statique comme le rocher, au point que dans ses mains « tendues et raidies, les hirondelles avaient fait leur nid. Mais un jour elles s'envolèrent pour ne plus revenir. Et celui qui avait tué en lui désir et volonté, gloire et douleur, se mit à pleurer. Les fleurs naissent ainsi des pierres »[108].

À quel prix?

Celui de l'exil qui détache l'homme de son univers, de ses habitudes et de ses compromis.

Le désert tend son miroir à l'homme, lui commandant de lier « ses gestes au monde » (*La Mort heureuse*, p. 143) et d'avoir « le grand courage [...] de tenir les yeux ouverts sur la lumière comme sur la mort »[109].

Dans *Noces*, Albert Camus évoque le désert comme « un exercice de la passion au détriment de l'émotion, un mélange d'ascèse et de jouissances, une résonance commune à la terre et à l'homme, par quoi l'homme, comme la terre, se définit à mi-chemin entre la misère et l'amour »[110]. Extraordinaire émotion rapportée de cette Toscane lumineuse dont le jeune auteur (il n'a alors que vingt-trois ans) restera imprégné avec une sensualité qui n'a d'égale que celle ressentie au contact de Tipasa.

Après avoir dépassé les hauts plateaux, Camus sera subjugué par ces espaces que seule une brume de chaleur rose parvient à estomper au lointain. Au-delà d'une succession de longues plaines faussement semblables, il arrive à Laghouat par cette rue étroite qui conduit jusqu'à la mosquée El-Attik dont la terrasse est un promontoire exceptionnel pour découvrir cette curieuse cité incisée par une longue arête rocheuse qui la scinde

---

107. *Noces*, p. 29.

108. *Carnets*, I, p. 128.

109. *L'Envers et l'endroit*, p. 119.

Laghouat, une rue

110. *Noces,* p. 56.

en deux parties dissemblables. Sur les hauteurs se détachent des marabouts aux curieux péristyles en arcades dont l'un abrite les restes de sidi El-Hadj Aissa, protecteur de la ville.

Dans une des nouvelles de *L'Exil et le royaume*, Camus fait évoluer une petite bourgeoise au cœur de ce paysage énigmatique. Ce qui participera à sa transformation en « femme adultère » par le seul miracle d'une nuit appelant à la déraison du bonheur au sein d'un univers énigmatique où « des cours intérieures montaient, avec la fumée odorante d'un café qui grillait, des voix rieuses ou des piétinements incompréhensibles ». Mirage ? Souvenir embelli ? Toujours est-il que « la palmeraie divisée en carrés inégaux par des murs d'argile bruissait à son sommet sous l'effet d'un vent qu'on ne sentait plus sur la terrasse. Plus loin encore, et jusqu'à l'horizon, commençait, ocre et gris, le royaume des pierres, où nulle vie n'apparaissait. À quelque distance de l'oasis seulement, près de l'oued qui, à l'Occident, longeait la palmeraie, on apercevait de larges tentes noires. Tout autour, un troupeau de dromadaires immobiles, minuscules à cette distance, formait sur le sol gris les signes sombres d'une étrange écriture dont il fallait chiffrer le sens. »[111].

Ici, il retrouve cette même sensation procurée par un soleil frappant de ses sourdes cymbales au plus profond de l'être. Comme à Tipasa ou sur la longue plage de *L'Étranger*, comme dans la mémoire d'un Caligula au bord de la folie. À certaines heures du jour, le vent chargé de sel draine une sécheresse opaque durcissant lèvres et langue comme pour commander le silence. L'homme se sent pris par cet appel le poussant vers le large, vers une solitude accrue.

Un siècle plus tôt, Fromentin s'était arrêté à Laghouat et avait découvert les avant-postes du désert avec cette passion de

111. *L'Exil et le royaume*, p. 26.

peintre qu'il évoquera par touches subtiles et colorées dans *Un été dans le Sahara*. Tout comme Camus, il avait été subjugué et, des hauteurs, il scrutait ce « composé de ruelles, de corridors, d'impasses, de fondouks entourés d'arcades. »

Camus déambule dans les venelles ombragées, s'arrêtant près d'un étal regorgeant d'épices colorées et parfumées, respirant à plein nez ces senteurs oubliées : piment doux, jasmin ou cannelle. Il marque une halte dans un bar sombre où le cliquetis des dominos couvre les cris des joueurs. Il savoure longuement un thé à la menthe, épais, âcre et brûlant, servi dans un petit verre opaque orné de motifs verts et rouges. Puis c'est le retour à la lumière, dans cette foule qui glisse indolente vers on ne sait quel destin. Il flâne dans cette oasis. Il y rencontre peut-être, sous les hautes palmes abritant de prolifiques jardins, cet homme dont parle Fromentin, ce « vieillard à barbe grisonnante, une sorte de Saturne armé d'une pioche en guise de faux, avec un sablier dans la main. Une ficelle, tenant au sablier, et divisée par nœuds, lui sert à marquer le nombre de fois qu'il a retourné son horloge. » Sa journée s'écoule ainsi face à deux fossés creusés dans une terre sablonneuse : quand l'un est plein d'eau, l'autre reste vide. L'homme regarde couler l'eau dans le fossé et le sable dans son sablier « tout en égrenant sous ses doigts déjà tremblants ce singulier chapelet composé de quarts d'heure ».

Dans l'après-midi, la lumière se décrispe et se détend comme une spirale animant quelque invisible horloge. Elle devient plus limpide, plus douce. Il pense à ces hommes énigmatiques et silencieux qui, depuis les temps les plus reculés, vivent sur les vastes étendues de sable d'un « pays démesuré ». Ils cheminent, tels les « seigneurs misérables et libres d'un étrange royaume » que Camus cherchera sa vie durant… Notamment dans la quête de ces êtres libres qui ne servent personne et que

Laghouat, quartier des Ouled-Nail

« personne ne sert », comme il l'écrira aux derniers jours de sa vie, dans *La Postérité du soleil*.

L'enfant de Belcourt gravit la pente douloureuse, réveillant son poumon malade comme pour lui signifier le temps écoulé. Tous ces moments, tous ces quarts d'heure inexorablement comptabilisés par le vieil homme hiératique égrenant sa vie à des milliers de kilomètres de ces déserts tous semblables dans la vacuité de leur profusion… Paris, New York ou Amsterdam !

Le soir élime chaque souffle, chaque bruit inutile. Seul perce encore, sous le silence, l'appel plaintif d'une noria entraînée par un vieil âne gris.

Alors, dans la touffeur naissante de cette nuit qui promet pourtant d'être froide, « des milliers d'étoiles se formaient sans trêve et leurs glaçons étincelants, aussitôt détachés, commençaient de glisser insensiblement vers l'horizon »[112].

Le matin vient trop vite… Peu après le lever du soleil, « le pays tout entier est rose, d'un rose vif avec des fonds de fleurs de pêcher : la ville est criblée de points d'ombres et quelques petits marabouts blancs, répandus sur la lisière des palmiers, brillent assez gaiement dans cette morne campagne qui semble pendant un court moment de fraîcheur sourire au soleil levant ». D'un minaret monte la voix du muezzin appelant à la prière. Quelques hommes en burnous glissent sous les arcades, réveillant l'espace engourdi du claquement de leurs babouches.

Quand il arrive à Ghardaïa, le 18 décembre, Albert Camus est émerveillé par le M'zab, une région unique et en tout point différente de celles qui, en Algérie, peuvent marquer par leur caractère ou leur originalité. Il aura surtout séjourné à Ghardaïa, mais n'aura pas manqué de visiter El-Atteuf et Beni-Is-

112. *Op. cit.*, p. 33.

Ci-dessus, une ruelle de Beni-Izguen
À gauche, Ghardaia, rues commerçantes

guen, deux des cinq villes saintes constituant l'austère et superbe pentapole du M'zab.

Comme un curieux essaim de terre, les maisons de forme cubique s'accrochent les unes aux autres, épousant les formes des collines pour descendre harmonieusement jusqu'à la plaine. Une enceinte clôt chaque cité ibadite où, depuis 911, hommes et femmes vivent leur exode dans un souci de pureté.

Chaque maison peinte de rose, blanc ou bleu capte les rayons du soleil. L'ensemble se colore de teintes diaphanes qui s'estompent et s'avivent au fil de la course solaire. Le paysage se dessine et se métamorphose d'une minute sur l'autre. Tout ici est étrange : le silence des hommes protégeant jalousement leurs huis clos, les femmes fuyant devant l'étranger, leur voile blanc resserré sur le visage et ne laissant paraître qu'un regard cyclopéen.

Comme les Mozabites chassés par le général persan Ibn Rostin en 661, après le meurtre d'Ali, gendre du prophète, Camus est en exil sur cette terre qu'il veut sienne mais dont il sent confusément qu'il n'y a pas ses racines. Il est heureux de se promener seul dans Ghardaïa, de visiter les palmeraies, de n'être importuné ni par des amis, ni par des curieux.

Le vêtement, les attroupements en cercle de quelques Hadj aux turbans jaunes assis à même le sol, le barbier faisant office, ainsi que celui de dentiste, sur un trottoir… Tant d'images lui sont chères et le ramènent à certains aspects de sa vie quotidienne dans le « quartier pauvre ». En même temps, elles lui sont étrangères et il ne les retiendra pas pour *L'Exil et le royaume*.

Deux ans auparavant, il a pris conscience que « vers le milieu de [sa] vie » il lui fallait « réapprendre péniblement à vivre seul ». Terrible épreuve, jusque dans le désert parisien dont il sait qu'il est « un vrai trompe-l'œil, un superbe décor habité par quatre millions de silhouettes »[113].

Ce n'est pas un hasard si le héros de *La Chute* porte le patronyme de Clamence (*Clamens in deserto*) et s'il a choisi de se réfugier à Amsterdam, ce désert cher à Descartes. Ce n'est pas un hasard, non plus, si le personnage évolue « dans le dernier cercle », tel un « ange neutre » tantôt juge, tantôt pénitent, et s'il évoque les échecs de « prophètes vides pour les temps médiocres ».

La Chute est une manière de clamer dans le désert, sans en attendre d'écho. Entende qui voudra ! Camus sait que, sous les excès du soleil, « la vérité comme la lumière aveugle »[114]. Dès lors, il est permis de penser qu'il a été effrayé par la grande vacuité du Sahara. Comme Maria dans *Le Malentendu*, il se récrie peut-être « Oh, mon dieu ! Je ne puis vivre dans le désert ! C'est à vous que je parlerai et je saurai trouver mes mots. »

En avril 1938, il écrivait à Blanche Balain: « Dans ces paysages désolés et desséchés, dans ces paysages que j'aime par-dessus tout en Algérie, j'ai toujours su trouver une leçon de dénuement et d'amertume qui me rendait presque toujours à moi-même. C'est-à-dire à peu près à la conscience de ce que je devais être.[115] »

Pourtant, c'est plus au sud, que Camus fera évoluer l'étrange Renégat. Un personnage condamné au silence dans cet univers de dunes cédant le pas à la montagne « tout en pics noirs, en arêtes coupantes comme du fer ». Dans la souffrance de sa langue arrachée, il sera confronté à une « mer de cailloux bruns,

---

113. *La Chute*, p. 10.
114. *Op. cit.*, p. 128.
115. Courrier confié à l'auteur par Blanche Balain.

interminable, hurlante de chaleur, brûlante de mille miroirs hérissés de feu… »[116]. Terrible désert sur les pistes duquel on ne peut s'engager sans risquer l'érémitique condition, avec le refus de l'autre et de soi.

L'oasis est peut-être proche…

Camus a tourné les talons, laissant couler de ses doigts quelques derniers grains de sable.

« Est-il bien temps ?

« Sera-t-il temps, un jour ? »

La dernière réflexion de Clamence fait écho à la sienne : « Il est trop tard maintenant, il sera toujours trop tard. Heureusement ! »

Oasis, dans le désert

116. *L'Exil et le royaume*, p. 44.

LES PRÉDICTIONS DE MAX JACOB

Camus était convaincu qu'aucun homme ne pouvait naître dans la liberté. Il précisait, avec prudence: « Le déterminisme aussi est une erreur ». Pouvait-il croire pour autant à l'influence des astres sur notre vie et notre comportement? Rien n'est moins sûr. Ce Scorpion est né sous l'influence de Pluton et de Saturne, ce qui, au-delà de toutes considérations astrologiques, mérite d'être rapproché de la mythologie à laquelle Camus était tellement attaché. Il est intéressant de noter que ces planètes portent les noms du dieu des Enfers et de son fils, le maître du temps. Vu des astres, Camus fait partie de ces personnalités douées de grande force de caractère, dont un mélange d'ambition et d'ascèse, de détachement et d'orgueil.

Mais l'homme révolté n'avait cure de ces interprétations planétaires. Néanmoins, il fut assez perturbé par une simple carte postale reçue en 1942, alors qu'il venait d'être contraint de quitter Oran, après une nouvelle alerte pulmonaire, pour le Panelier (Haute-Loire), où il prend un peu de repos. Cette carte est signée Max Jacob avec qui Camus a correspondu alors qu'il était étudiant à Alger. De sa petite écriture nerveuse, le poète mystique dresse à son destinataire son horoscope « préparé dans le cornet à dés ». Suivent ces quelques lignes troublantes: « Vous êtes du même signe que Villiers de l'Isle Adam. Il y a dans vos parages, c'est-à-dire dans la même espèce, Xavier de Maistre, Luther, Paracelse, Barbey d'Aurevilly, Clovis Hugues, Ernest Mardrus Hells, etc. Si vous connaissez ces messieurs, vous connaissez ce que vous êtes vous-même.

Je lis ceci sur le 7 novembre: Âme compatissante qui s'attirera des sympathies. J'ajoute: sorte de déséquilibre. Trop haut ou trop bas; jamais au point. Difficulté à être « soi-même ». Paroles pas adaptées. Pourrait « faire la bombe », boire et le reste. Pourrait aussi s'occuper de hautes sciences, de philosophie surtout. Est obligé de prouver ses mérites et ses capacités, ne « paraît » pas être ce qu'il est. Douceur par faiblesse, est au fond un violent. Je ne sais ce qui fait dire que vous mourrez de mort tragique: il y a des gens très forts, sans doute ceux qui n'ont rien prévu de la situation actuelle. Cultivez l'introspection et croyez en Dieu; ça vous portera bonheur... » Camus range la carte dans son enveloppe. Il a vingt-neuf ans.

Lourmarin, vue d'ensemble sur le village

CHAPITRE VIII

L'arrière-histoire de Lourmarin

Après le désert parisien, il fallait donc se résoudre au définitif exil : celui du cœur, du regard, de la chair. Camus doit s'arracher à son futur. Voilà longtemps qu'il souffre de son éloignement avec l'Algérie. Un royaume avec lequel il pressent la rupture et l'exil.

En 1955, il écrit à Azziz Kessous – un nationaliste algérien – pour lui dire qu'il a « mal à l'Algérie comme d'autres ont mal aux poumons ». La distance imposée, le voilà qui parle de cette tuberculose comme si elle n'était plus seulement la sienne.

Qu'il évoque « la flûte aigre et tendre des cigales »[117] entendue à Vicence ou « les chemins parmi les lentisques et les roseaux »[118], le voilà cheminant entre Djemila et le chemin de la Madeleine.

Qu'il soit à Cabris, et « voilà les heures d'Alger qui [lui] reviennent après vingt ans ». Et si Vienne est reposante, car « la beauté fait place à la civilisation », Camus, par la voix de Mersault, note : « Il ne manque qu'un vrai soleil. »[119]

Seule la Provence trouve grâce à son cœur. Il y a là une qualité de paysages et d'éclairages qui le touche. En septembre 1943, de passage au couvent de Saint-Maximin, il est heureux d'avoir « retrouvé la lumière » qu'il aime – Le seul luxe qui lui reste indispensable.

---

117. *L'Envers et l'endroit,* p. 90.

118. *Op.cit.,* p. 92.

119. *La Mort heureuse,* p. 119.

Camus vient de faire conjointement l'expérience de l'exil et de la notoriété. Le premier lui commande le silence, la seconde le condamne à une prise de position à laquelle il se refuse désormais.

Il est las de sa vie factice, de cet enfermement doré auquel le réduit sa gloire littéraire. Voilà longtemps qu'il connaît la Provence, ne serait-ce que par son professeur Jean Grenier dont il a lu les *Inspirations méditerranéennes*[120], parues en 1940 et dans lesquelles l'auteur évoque « cet accord profond et invisible entre ce pays et le printemps, comme entre le Luberon et l'automne. »

Fontaine-de-Vaucluse, L'Isle-sur-la-Sorgue, Cadenet, Lourmarin… Ces paysages sont plus proches de ceux évoqués par Giono que de ceux chantés dans *Noces*, mais dans ces grandes plaines ondulant sous le vent, dans ces vallonnements oppressés par un ciel lourd de ronde lumière, dans ce calme agreste, il sent « quelque chose [qui] se délie » en lui. Il retrouve cette phrase de Grenier lue voilà bien longtemps, comme une promesse prémonitoire : « Mon inquiétude intérieure prend fin : c'est comme si l'on posait une main ferme et douce sur une blessure qui commencerait à se fermer. »[121]

Quand, en 1958, il acquiert sa maison de Lourmarin, il écrit à son maître : « Je mets mes pas dans les vôtres ». Dans le même temps, il se rapproche de son frère en poésie, René Char, qui habite L'Isle-sur-la-Sorgue. Cette influence est très importante et on en trouve la confirmation dans *La Postérité du Soleil*. Initialement prévu pour être rédigé à deux, à partir de photographies d'Henriette Grindat, ce livre sera la véritable œuvre posthume achevée de Camus. Char s'efface comme s'il était conscient que l'ouvrage, essentiellement composé d'aphorismes, sera le meilleur enracinement pour Camus sur une terre de rencontre

---

120. *Inspirations méditerranéennes,* de Jean Grenier, p. 93.
121. *Op. cit.,* p. 28.

Lourmarin, la maison d'Albert Camus

et dans un itinéraire vers « l'oasis de l'ailleurs », cette « lampe qui traverse le ciel et toucha notre cœur derrière son carreau ».

Cette Provence est identifiée au poète qui l'habite, la vit, l'incarne à la manière dont Grenier sait la définir quand il écrit qu'elle « donne des leçons d'attachement qui ne sont pas perdues pour celui qui la visite non pas en touriste mais en ami et qui l'habite au lieu d'y passer »[122].

Ces nouveaux paysages-là l'interpellent. Ils ne lui sont pas étrangers et il retrouve, face à eux, des mots et émotions conjugués à l'antérieur futur… « Tombés de la cime du ciel, des flots de soleil rebondissant brutalement sur la campagne autour de nous. Tout se tait devant ce fracas et le Luberon, là-bas, n'est qu'un énorme bloc de silence que j'écoute sans répit. Je tends l'oreille ou cours vers moi dans le lointain, des amis invisibles m'appellent, ma joie grandit, la même qu'il y a

122. *Op. cit.*, p. 107.

Albert Camus à l'île Saint-Honorat, en 1945

Albert Camus (à g.) et René Char, à L'Isle-sur-la-Sorgue, en 1949

des années. De nouveau, une énigme heureuse m'aide à tout comprendre. » Cette phrase, écrite en 1950 dans *l'Énigme,* n'appelle aucun commentaire tant elle est explicite et significative du déchirement camusien, particulièrement exacerbé en cette période de guerre algérienne.

Malgré le doute et la lassitude qui l'assaillent depuis de nombreux mois, Albert Camus entame la rédaction d'un nouveau livre, *Le Premier Homme*, dont le thème pourrait rappeler celui de l'Algérie des origines par le biais d'une histoire simple : celle d'un homme sans culture qui se forme seul sur une terre « intense ».

« Lourmarin. Premier soir après tant d'années. La première étoile au-dessus du Luberon, l'énorme silence, les cyprès dont

Albert Camus en Provence, en 1947

l'extrémité frissonne au fond de ma fatigue. Pays solennel et austère malgré sa beauté bouleversante. »[123] De sa terrasse, il reprend un peu corps avec les lointains paysages de la Mitidja. Il vit là ce que Char nomme « arrière-histoire ».

Dans les premiers jours de 1960, il quitte Lourmarin, le temps d'une courte parenthèse parisienne. Méticuleux comme à son accoutumée, il a rangé sa table de travail, remis les livres sur les rayons de la bibliothèque. Un dernier regard sur la plaine et le Luberon. Sur la cheminée de son bureau, un livre offert par Char est resté ouvert sur un poème dont la mort est le thème.

Son éditeur Michel Gallimard l'a convaincu de regagner la capitale à bord de sa voiture, alors que Camus a déjà son ticket de train[124]. À Villeblevin, sur une ligne droite, le véhicule fait une embardée. Albert Camus est tué sur le coup.

123. *Carnets*, II, p. 176.

124. Voir *Les Derniers Jours de la vie d'Albert Camus*, de José Lenzini, paru aux éditions Actes Sud.

C'est en cette terre « provalgérienne » qu'il repose sous une pierre tombale simple, occultée de romarin. Une touffe d'absinthe rapportée de Tipasa par un ami n'est pas parvenue à trouver son espace et sa lumière dans ce bosquet de romarin. On ne sait si elle fut étouffée ou submergée par ce massif aromatique proliférant en cette campagne de Vaucluse…

Tombeau d'Albert Camus, à Lourmarin

Petit glossaire à l'usage des non-initiés au langage de Cagayous

Awah – interjection exclamative qui se complète généralement par « pas possib' ».

Botcha – coup de poing bien asséné.

Calebote – petite gifle. En italien: *colpetta*.

Chaclala – se dit également « tcheklala » et signifie « chiqué ».

Donne-lui sa mère – à l'insulte, s'ajoutent les coups. Se dit souvent au cours de « donades » ou bagarres organisées.

Et alors? et oilà! – intraduisible. Sur fond de fatalisme ou de pudeur, c'est une manière de se saluer et d'échanger une politesse sur l'état de santé ou le moral de l'autre, en laissant libre cours à l'interprétation de chacun.

Faire figa – se dégonfler comme un « falso ».

Faire fissa – presser le pas.

Kadour – prénom arabe dont on affuble le soleil. D'où l'expression, quand le soleil est au zénith: « *Y' tap' Kadour* ».

Lévier – on se lave au « lévier » de la cuisine quand on n'a pas de salle de bains, ni de lavabo.

Louette – filou, malin.

Macaoura, faire « macaoura » – c'est céder à la tentation de l'école buissonnière. *Macaoura* vient de l'espagnol: manquer une heure.

Makroud – gâteau de semoule, de dattes et de miel.

Mesquine – de l'arabe « miskin », avec la même signification: pauvre, malheureux, au sens propre et figuré.

Monter l'aubergine, « monter un œil » – quand on se met le doigt ou le poing dans l'œil… du voisin.

Oualione – signification proche de l'italien auquel le mot est emprunté: enfant des rues un peu « louette » (voir plus haut).

Oualou pas cher – doublement d'une même idée, *oualou* signifiant « rien », en arabe (*wallou*). Quelque chose de quasiment gratuit.

Ouela – emprunté à l'espagnol avec le même sens: vieille, grand-mère.

Pastera – barque à fond plat.

Tchatch, avoir de la « tchatch » – c'est avoir du bagout.

Taper un bain, comme le dit Camus (*Noces*, p. 35) – « Ici, on ne dit pas prendre un bain, mais se taper un bain. » De tête, c'est dans un plongeon réussi. En « *pancha* », c'est quand l'estomac touche l'eau le premier… Aïe!

Vinga – comme dans l'espagnol « *venga* », signifie « vas-y! »

Zlabia – gâteau arabe baigné dans un miel liquide.

Toponymie

Voici les correspondances entre les noms de villes à l'époque où y circula Camus et ceux qu'elles portent aujourd'hui :

Alger : El Djazaïr

Blida : El Boulaïda

Bône : Annaba

Bougie : Béjaïa

Castiglione : Bou Ismaïl

Constantine : Qasentina

Fort National : Larbaa-Naït-Irathen

Mascara : Mouaskar

Oran : Wahran

Orléansville : Ech Cheliff, après s'être appelée El-Asnam

Sétis : Stif

Sidi-Ferruch : Sidi Fredj

Tiaret : Tihert

Trézel : Sougueur

Les autres lieux évoqués dans ce *Camus et l'Algérie* ne sont pas cités ci-dessus, n'ayant pas changé d'appellation.

Les principales œuvres d'Albert Camus

Nous présentons, ci-après, l'essentiel des œuvres d'Albert Camus. La première date figurant en regard du titre indique les années de leur élaboration, de leur mise en forme et de leur rédaction. La seconde indique l'année de la publication

Premiers écrits	*écrit entre*	*publié en*
• L'ENVERS ET L'ENDROIT	1934-1937	1937
• LA MORT HEUREUSE	1936-1938	1971
• NOCES	1937-1938	1939
Cycle de l'absurde		
• L'ÉTRANGER	1937-1940	1942
• LE MYTHE DE SISYPHE	1938-1941	1942
• CALIGULA	1937-1941	1944
• LE MALENTENDU	*1941-1943*	*1944*
Cycle de la révolte		
• LA PESTE	1939-1946	1947
• L'ÉTAT DE SIÈGE	1947-1948	1948
• LES JUSTES	1947-1949	1949
• L'HOMME RÉVOLTÉ	1943-1951	1951
Autres œuvres		
• LETTRES À UN AMI ALLEMAND	1943-1944	1945
• ACTUELLES I	1944-1948	1950
• L'ÉTÉ	1939-1953	1954
• ACTUELLES II	1948-1953	1954
• ACTUELLES III	1939-1958	1958
Écrits ultimes		
• LA CHUTE	1955-1956	1956
• L'EXIL ET LE ROYAUME	1952-1957	1957
• DISCOURS DE SUÈDE	nov. 1957	1958
• LE PREMIER HOMME	1953-1960	1994

CRÉDIT DES ILLUSTRATIONS

Photos pages 5, 7, 13, 21, 23, 24, 25, 31, 32, 35, 37, 39, 47, 60, 67, 75, 76, 86, 96, 107, 708, 127, 154, 155 © Collection Catherine et Jean Camus, Fonds Camus, Bibliothèque Méjanes, Aix-en-Provence, droits réservés.

Photos pages 4, 6, 9, 13 (école Aumerat), 26, 28, 29, 32, 34, 37, 41, 45, 50, 55 à 58, 62, 63, 64, 66, 67, 69, 70, 71 72, 78, 80, 81, 84, 87, 93, 94, 99, 100, 101, 104, 112, 114 à 120, 125, 139, 142, 144, 145 © Collection particulière, Fonds José Lenzini.

Photo page 14 © Collection particulière, Fonds Gérard Beytout.

Photos pages 42, 134, 136 © Collection particulière, Fonds Xavier Delestre.

Photos pages 150, 153, 156 © Collection particulière, Fonds Michel Breil.

Pages 133, 148 Dessins aux crayons de Jean Arène, extraits de L'Algérie, l'âme nue.

Achevé d'imprimer en janvier 2010
Dépôt légal à parution
Imprimé en UE